本书的出版获得河南省软科学项目（税收征管数字化升级促进企业高质量发展的内在机理与实现路径研究，232400412011）、郑州轻工业大学博士科研基金资助项目（大数据税收征管对企业违规风险的缓释效应研究——基于金税三期的政策效应，2021BBJJ052）资助

独立董事薪酬激励对企业风险承担水平的影响研究

纪亚方 著

长江出版传媒

湖北人民出版社

图书在版编目（CIP）数据

独立董事薪酬激励对企业风险承担水平的影响研究 / 纪亚方著. -- 武汉：湖北人民出版社, 2024. 6.
ISBN 978-7-216-10881-2

Ⅰ. F279.246

中国国家版本馆CIP数据核字第2024SF3510号

责任编辑：杨　猛
封面设计：董　昀
责任校对：范承勇
责任印制：杨　锁

出版发行：湖北人民出版社　　　　　　　地址：武汉市雄楚大道268号
印刷：武汉市籍缘印刷厂　　　　　　　　邮编：430070
开本：787毫米×1092毫米　1/16　　　　印张：15
字数：238千字　　　　　　　　　　　　插页：2
版次：2024年6月第1版　　　　　　　　 印次：2024年6月第1次印刷
书号：ISBN 978-7-216-10881-2　　　　　定价：68.00元

本社网址：http://www.hbpp.com.cn
本社旗舰店：http://hbrmcbs.tmall.com
读者服务部电话：027-87679656
投诉举报电话：027-87679757
（图书如出现印装质量问题，由本社负责调换 ）

自　序

　　独立董事制度作为缓解公司委托代理问题的一种重要手段，是完善公司治理结构、强化内部监督机制与约束管理层机会主义行为的关键环节，因此被多个国家证券监督管理部门采用。我国于2001年正式实施独立董事制度，要求上市公司聘请不少于董事会成员三分之一的人数作为独立董事。事实上，独立董事与上市公司股东之间同样存在委托代理关系，本身也是理性的经济人，因此，约束与激励机制是提高独立董事履职成效的重要措施。目前由于我国相关制度规定，基本上不对独立董事实施股权激励，货币薪酬就成为激励独立董事的主要手段。给予独立董事充分适宜的货币薪酬激励措施，能够敦促其积极地发挥监督与咨询职能，提升独立董事的勤勉度，以及提升其对董事会议案发表独立意见的意愿。因此，为了促进独立董事的履职行为和提高独立董事的履职成效，更好地发挥监督与咨询的治理作用，我们应该着重关注与探讨如何对独立董事建立行之有效的激励机制。

　　风险承担水平作为企业基于风险收益的财务决策，这种风险选择对企业乃至社会发展都至关重要，适当的风险承担不仅有助于提高经济主体资本积累的速度，还可以促进经济主体的技术创新，是一个国家经济长期持续增长的动力，因此，基于中国经济转型的背景，深入探讨风险承担水平的影响因素，对微观企业提效增值和宏观社会经济的长期持续增长具有重要的意义。有关现代公司财务与公司治理研究领域中，企业风险承担不足被视为一种间接的代理成本，而独立董事制度被学术界和实务界认为是解决经理人代理问题的一种有效途径。已有研究独立董事薪酬激励主要是对独立董事异议行为、公司绩效、盈余质量以及上市公司违规行为的影响，鲜有学者从独立董事薪酬激励视角对企业风险承担水平的影响进行研究。

因此，本书从独立董事薪酬激励视角探讨对企业风险承担水平的影响，具有一定的理论与实践意义。

本书以2009—2019年沪深A股非金融业上市公司作为研究样本，采用非平衡面板数据，以独立董事效率理论、锦标赛理论以及社会比较理论等为基础，从独立董事薪酬水平、独立董事内部薪酬差距以及独立董事外部薪酬差距多维视角分析独立董事薪酬激励对企业风险承担水平的影响，并且引入独立董事海外背景特征对独立董事薪酬激励与企业风险承担水平两者关系的影响，进一步梳理和探讨了独立董事薪酬激励作用于企业风险承担水平的内部机理与路径，同时也结合外部监督压力异质性、内部制衡机制异质性以及外部环境异质性等具体情况进行分析。

本书通过理论分析与实证检验，最终得出如下研究结论：

第一，独立董事薪酬水平与企业风险承担水平之间存在显著正相关关系，具有海外背景独立董事增强了两者之间的正相关关系。区分薪酬均值高低组后，发现仅在高薪酬水平的子样本中独立董事薪酬水平可以促进企业风险承担水平的提升。机制检验中发现，独立董事薪酬水平激励可以通过提升独立董事勤勉度、缓解管理层短视程度以及提升独立董事对投资意见的充分表达效果，从而促进企业风险承担水平的提升。在进一步研究中发现，当分析师关注度低、媒体关注度低以及机构投资者持股比例较低时，独立董事薪酬水平与企业风险承担水平两者之间呈现的正相关更为显著，即可说明独立董事与外部监督者之间存在替代效应。

第二，独立董事内部薪酬差距与企业风险承担水平之间存在正相关关系，独立董事海外背景增强了两者之间的正相关关系。机制检验中发现，独立董事内部薪酬差距可以通过提升独立董事勤勉度、缓解管理层短视程度以及提升独立董事对投资意见的充分表达效果，进而提升企业风险承担水平。进一步研究发现，按照独立董事内部薪酬差距程度大小分为三组，仅在内部薪酬差距最大组中提升企业风险承担水平，而在内部薪酬差距居中组和内部薪酬差距较小组不具有显著作用。按照产权性质、股权集中度和CEO权力进行分组回归，发现在民营企业、股权分散以及CEO权力小的企业中独立董事内部薪酬差距对企业风险承担水平的正向影响更显著。

第三，在企业独立董事薪酬均值高于独立董事行业薪酬均值的样本中，独立董事外部薪酬差距可以促进企业风险承担水平，且独立董事海外背景增强了两者之间的正相关关系。但是在企业薪酬低于行业薪酬均值的样本中，独立董事外部薪酬差距对企业风险承担水平的影响不显著。机制检验中发现，高于行业均值的样本中，独立董事外部薪酬差距可以通过提升独立董事勤勉度、缓解管理层短视程度以及提升独立董事对投资意见的充分表达效果，进而提升企业风险承担水平。进一步研究发现，高于行业均值的独立董事外部薪酬差距促进企业风险承担水平提升的效应在社会信任水平低地区、竞争性行业和市场化进程低地区的企业中更显著。

文章主要创新在于：第一，本书探讨了缓解独立董事代理成本的潜在途径，拓展了独立董事代理问题相关的理论研究，将独立董事内部薪酬比较拓展到行业平台比较，从独立董事薪酬水平、独立董事内部薪酬差距以及独立董事外部薪酬差距多维视角考察对其激励效应，不仅扩展了独立董事的研究内容，同时也拓展了薪酬差距的研究视野。第二，本书深层次探析了独立董事薪酬激励在资本市场的溢出效应，并且发现了独立董事薪酬激励会对企业风险承担水平产生影响，进而探究了两者之间的影响机制与路径分析，并进行了相关理论分析与实证数据检验。第三，本书运用手工搜集的独立董事海外背景特征数据，将独立董事海外背景这一发展中国家重要的人力资源特征嵌入到对独立董事薪酬激励对企业风险承担水平两者之间关系的影响研究，丰富了企业风险承担水平领域的研究成果。

目　录

第一章　绪论

 第一节　研究背景与研究意义 ……………………………… 2
 第二节　概念界定 …………………………………………… 7
 第三节　研究内容与研究思路 …………………………… 10
 第四节　研究方法 ………………………………………… 14
 第五节　创新点 …………………………………………… 16

第二章　文献综述

 第一节　独立董事研究现状 ……………………………… 20
 第二节　企业风险承担水平研究现状 ………………… 35
 第三节　独立董事与企业风险承担水平 ……………… 47
 本章小结 …………………………………………………… 48

第三章　理论基础与理论分析

 第一节　理论基础 ………………………………………… 50
 第二节　独立董事薪酬激励影响企业风险承担水平的理论
   分析 …………………………………………………… 56
 本章小结 …………………………………………………… 59

第四章　独立董事薪酬水平对企业风险承担水平的影响

 第一节　理论分析与研究假设提出 …………………… 63

第二节　实证研究设计 ……………………………………67

第三节　实证结果 …………………………………………73

本章小结 ……………………………………………………109

第五章　独立董事内部薪酬差距对企业风险承担水平的影响

第一节　理论分析与研究假设提出 ……………………113

第二节　实证研究设计 ……………………………………116

第三节　实证结果 …………………………………………120

本章小结 ……………………………………………………154

第六章　独立董事外部薪酬差距对企业风险承担水平的影响

第一节　理论分析与研究假设提出 ……………………159

第二节　实证研究设计 ……………………………………162

第三节　实证结果 …………………………………………167

本章小结 ……………………………………………………200

第七章　研究结论、政策建议与进一步研究的方向

第一节　研究结论 …………………………………………204

第二节　政策建议 …………………………………………208

第三节　进一步研究的方向 ……………………………211

参考文献 ……………………………………………………213

第一章　绪论

第一节 研究背景与研究意义

一、研究背景

1940年美国颁布的《投资公司法》是独立董事制度的起源，目的是权衡股东与管理层之间的关系，以及制衡大股东的权力，对保护中小股东利益发挥重要的作用。我国为了适应企业现代化的发展和管理需求，2001年8月16日中国证监会正式发布了《关于在上市公司建立独立董事制度的指导意见》（以下简称《指导意见》），也督促我国上市公司尽快建立独立董事制度，独立董事制度的逐步建立完善了我国上市公司法人治理结构，强化了企业内部与外部的监督机制，也加强了对大股东与管理层的约束机制，对资本市场的稳定发展发挥着重要作用。《指导意见》也对独立董事成员做了相应的规定，要求独立董事中至少包含一名会计专业人员，还要求独立董事人数在公司董事会成员中占比不少于三分之一。独立董事制度的提出与现代股份公司的出现紧密相关，被认为是解决公司委托代理问题的一种重要机制。相较于公司内部董事，外部独立董事不但经验丰富，而且具有客观、公正的态度，因此，独立董事不仅仅是有监督作用，而且有建言献策的作用。尽管独立董事能够对公司事务独立做出判断，并承担着维护股东利益的职责，但各种"花瓶董事""荣誉董事""人情董事"的现象仍然存在公司中。独立董事制度在不同国家和文化中所展现的治理效用相差甚远，是对制度模糊性的忽视以及对独立董事个体履职差异的忽视所造成的（杨锴等，2018）[1]，这都是独立董事治理作用微弱的原因。近年来，独立董事不履行职责和监督不力等行为频频被媒体曝光，引发了学术界和理论界对独立董事履职成效、独立性以及专业性的质疑，学者也对独立董事的运行机制和有效性进行不断探索。目前有部分学者认为独立董事在我国上市公司治理实践中并没有发挥预期的作用，其中一重要原因在于理论界与实务界忽视了对独立董事薪酬激励是否合理、是否存在薪酬激励不足等问题，为此，本书从独立董事薪酬激励视角考察了其公司治理效应。

　　独立董事制度被学术界和实务界认为是解决经理人代理问题的一种有效途径。独立董事作为股东的代理人，其实两者之间同样是委托代理关系，两者之间仍然面临着代理问题。为了缓解股东与独立董事两者之间的代理问题，促使独立董事监督与咨询职能的有效发挥，同样需要委托人（股东）对独立董事制定相应的薪酬补偿与激励政策。随着资本市场的成熟与发展，美国等部分国家中的很多公司不仅对独立董事给予货币薪酬，还实施公司股票期权等薪酬激励政策，世界500强企业中，50%以上的企业对独立董事实施股权激励政策，其目的是让独立董事享有公司利益的剩余索取权，借此希望他们可以站在股东的角度，多为股东利益着想，与股东形成一致利益关系。我国独立董事制度自2001年正式实施至今，独立董事薪酬一直采用以固定薪金为主、出勤费用为辅的薪资模式，并且中国证监会要求独立董事不可以获取除正常津贴外任何额外的、没有披露的其他利益，目前我国尚未突破对独立董事实施股权激励的限制。根据Wind数据查询库，A股上市公司2019年报中独立董事薪酬前100公司，最高的是民生银行，均值达到95.46万元，最低的是中国铝业，均值为20.97万元。2019年末，A股上市公司的独立董事人数大约有12000名，独立董事薪酬总额大约有9.44亿元，个人平均薪酬大约是8.1万元，其中80%的独立董事年薪在10万元以下，还有大约200名的独立董事的年薪低于1万元。现有研究认为没有充足的激励难以敦促独立董事有效的履行职责，因此，如何有效设计独立董事薪酬激励机制在公司治理理论与实践中变得非常重要。独立董事作为股东的代理人和经理人的监督者，其履行职责精力的投入和时间的消耗由履职动机决定的，其中履职动机包括薪酬动机、声誉动机、席位保护动机等，独立董事的履职动机越高，其履职成效越好（Masulis和Mobbs，2014）[2]。目前我国的独立董事市场尚未成熟，导致外部声誉动机对独立董事的隐形激励效果十分有限。独立董事作为理性的经济人，他们也是以自身利益和资本增值最大化为目标。独立董事履职需要时间和精力投入，以及需要承担的风险，都成为制约独立董事履职尽责的障碍，但这些障碍最终都会被独立董事的薪酬激励合同所抵消，因此独立董事的薪酬合约制定也被看作是强化公司治理机制的措施。因此，关于公司治理研究中的薪酬制定问题，需要重点关注独立董事自身的薪酬合同制定与薪酬激励问题。

人类历史上面临的每一次重大挑战都是科技创新领域的重要机遇，2019年末突发的新冠疫情导致经济环境的不确定性增加，对中国宏观经济和微观企业都产生了较大冲击。经济环境的不确定性是企业面临风险的来源，也是企业成长和发展中必须决策的内容。企业为了应对疫情，新技术、新模式、新业态已经出现，科技创新和竞争会更加激烈，甚至会决定各企业在行业竞争中的地位，企业必须加大科技创新水平，风险承担就是企业在激烈市场竞争中为谋求高额利润而愿意承担风险的倾向，提升企业风险承担水平可以更好推动企业高质量发展。风险承担对于国家经济增长和微观企业绩效都至关重要。在宏观层面，有助于刺激一国宏观经济的增长，适当的风险承担有利于科学技术的进步以及加速社会资本积累，甚至是一个国家经济长期持续增长的根本动力（John等，2008）[3]；在微观层面，合理的风险承担是企业的生存、发展和提升绩效的关键之处，不但有助于企业获取市场和盈利机会，提高企业核心竞争力，还有助于未来业绩增长和价值增值。风险承担是企业投资决策的重要组成部分，指企业对预期收益水平和波动程度的选择，体现了企业经营和运作的不确定性，但是这种不确定性却能给企业带来利润。所以，企业要想实现投资盈利的增长，增加股东财富并提升企业绩效，并保持竞争能力的持续增长，这就要求企业管理者敢于面对风险和挑战，从而强化风险意识，提高化解风险能力，最终提高企业风险承担水平。

在现代公司财务与公司治理研究领域中，企业两权分离的特征导致经理人以"自我效用最大化"，而不是以"股东财富最大化"为目标进行决策，造成企业风险承担不足，企业风险承担不足被视为一种间接的代理成本。基于"管理者风险回避假说"（何威风，2016）[4]，不同管理者风险承担的意愿与能力不尽相同，企业不主动承担风险就会存在市场进入障碍，进而风险承担水平不足也是造成企业资本配置行为扭曲的障碍。从企业内部来看，通常经理人的人力资本和个人财富大部分都集中于一家企业，股东可以通过分散投资来降低自身的风险，这也是经理人相较于股东更希望规避投资风险的原因，因此，经理人也较多考虑投资风险低、收益低、见效快的投资项目（Bertrand 和 Mullainathan，2003）[5]。事实上，这种风险偏好差异也是贯穿代理问题始终的核心，所以，在代理冲突下，经理人很有可能为了个人利益而占用企业的现金流，或者是因为懒惰而避免投资高难度、高风险的项目，使得风险承担水平不足成为影响企业长期发展和价值增值的重要因素。于是，学术界对如何提高企业风险承担水平话题尤为关注。

二、研究意义

2001年8月16日，中国证监会颁发《关于上市公司建立独立董事制度的指导意见》，标志着中国独立董事制度建设进入实施阶段。随着我国现代化企业制度改革创新的不断推进，公司将不断通过健全和完善独立董事制度来推进公司治理结构的最优化。从学界研究成果来看，学者对独立董事治理体制和机制的研究已经相对成熟，大家主要关注独立董事在董事会的比例、独立董事的教育和任职经历等对公司治理成效的影响，但是关于独立董事薪酬激励的相关研究相对薄弱。因此本书对独立董事薪酬水平、内部薪酬差距以及外部薪酬差距激励作用的研究具有一定的理论与实践意义。

（一）理论意义

第一，扩展了独立董事薪酬激励的研究视角，从微观企业延伸到中观行业提供独立董事薪酬激励效果的相关理论证据。在公司治理的研究中，学界一直很重视经理人薪酬制定问题，但是独立董事作为薪酬委员会成员并参与经理人薪酬制定，其薪酬激励问题往往容易被忽视。同时，独立董事的薪酬激励机制是影响独立董事监督有效性的关键，也是对独立董事履职成效进行全面、客观、公正的评价的前提。以往对独立董事履职行为的研究中，将独立董事默认为是激励充分的，已有独立董事薪酬激励研究绝大多数采用独立董事薪酬水平衡量，较少有对独立董事内部薪酬差距和外部薪酬差距进行全面、系统的考察和定义，本书对独立董事内外部薪酬差距进行概念定义，构建了相互间的理论逻辑框架并通过经验数据进行实证检验，与现有独立董事薪酬激励文献相比，在理论框架上具有一定的突破，进一步拓展了独立董事薪酬激励的研究视角。

第二，为独立董事薪酬激励的微观影响研究补充企业风险承担水平视角的理论研究框架。已有文献对独立董事薪酬激励经济后果的研究，包括独立董事监督能力、异议行为、公司盈余质量以及上市公司违规行为等方面的影响，但目前国内关于独立董事薪酬激励对企业风险承担水平影响的研究还比较有限，且较少有文献研究独立董事薪酬激励对微观企业风险承担水平的影响路径进行全面、系统的梳理。本书将独立董事薪酬激励分为独立董事薪酬水平、独立董事内部薪酬差距和独立董事外部薪酬差距三个视角分别对企业风险承担水平进行研究，还考虑了独立董事具有海外背景的影响，验证了有海外背景独立董事的公司中独立董事薪酬激励提升企业风险承担水平的效果更加显著。并且在进一步研究中验证了通过抑制管理层短视程度、提升独立董事勤勉度和增强独立董事投资意见的充分表达效果是独立董事薪酬激励提升企业风险承担水平的三条重要机制，丰富了独立董事制度与微观企业经济后果的理论研究框架。

（二）实践意义

第一，提供了检验我国上市公司独立董事薪酬激励效果和实现机制的线索，有助于基于中国制度背景为企业战略性地制定独立董事薪酬建言献策，有助于证监会不断完善独立董事薪酬政策。薪酬体系涉及薪酬水平、薪酬差距、薪酬类型和薪酬分配方式等，从现实中独立董事激励机制来看，我国独立董事薪酬激励机制的结构单一，现金支付是独立董事薪酬的主要方式，而独立董事的薪酬与责任、风险不匹配，难免会造成激励不足，足够的薪金激励是解决当前我国对独立董事实施股权激励限制的关键。所以，研究有关独立董事薪酬激励的效果，并探讨独立董事薪酬设计的合理性，将有利于学界科学、客观、公正地评估中国上市公司独立董事制度的有效性。

第二，为企业优化财务决策和国家经济保值增值提供了实践路径。风险承担水平作为企业基于风险收益的财务决策，这种风险选择对企业乃至社会发展都至关重要，不仅有助于提高经济主体资本积累的速度，还可以促进经济主体的技术创新，在当前我国经济"软着陆"的过程中，与国民经济的未来发展息息相关。因此，探讨微观企业风险承担水平对国民经济的发展具有重要的实践意义。基于中国经济转型的背景，深入研究风险承担水平的影响因素，从微观企业视角来看，是企业改善资本配置的有效途径、对企业提效增值具有重要的现实意义。从宏观角度而言，对提高社会整体的资本积累速度和生产率很重要，对促进社会经济的长期持续增长也至关重要。

第三，对持续完善海归人才选拔和引进政策具有一定的启示作用。本书肯定了海归独立董事对提升企业风险承担水平的积极作用。自改革开放以来，我国的经济经历了高速发展阶段，也取得了巨大的成就，但是始终仍然存在人力资本短缺等关键问题。随着经济全球化进程的不断深入，中国政府出台了一系列海外人才引进政策，以期增强我国经济的创造力和活力。因此，关于选聘具有优秀才能和丰富的管理经验的人员仍是我国需要持续推进的一项重要工作。本书的研究结论证明了我国海外人才引进政策对企业乃至国家产生了巨大的正外部性，再次证明了我国政府实施海归人才引进政策的必要性，为企业落实人才选拔、优化企业治理结构提供了决策参考。

第二节　概念界定

一、独立董事薪酬

中国证监会于2001年8月16日颁布了《关于在上市公司建立独立董事制度的指导意见》，我国上市公司正式引入独立董事制度。《指导意见》规定上市公司董事会应当制定独立董事的津贴标准，在通过股东大会审议后，确定发放独立董事适当的津贴，并在上市公司年报中予以披露。2004年12月，证监会进一步发布了《关于加强社会公众股股东权益保护的若干规定》，该规定特别强调了独立董事在知情权方面和公司其他董事应该具有相同的权利，与此同时也指出，独立董事应该按规定及时参与董事会会议，并且确保自身监督与咨询职能得到有效的发挥。独立董事引入中国的初期，薪酬结构单一，现金支付是独立董事薪酬主要方式。但是随着独立董事制度的逐步完善、独立董事激励需求的问题日益显现，随之独立董事薪酬结构的讨论也日益增多。2008年和2009年，国务院国有资产监督管理委员会针对央企先后制定了《关于整体上市中央企业董事及高管人员薪酬管理的意见》和《董事会试点中央企业董事报酬及待遇管理暂行办法》，以期通过这些规章制度来协助央企制定独立董事的薪酬政策。按照上述规章制度，独立董事的年度薪酬主要是由年度基本报酬、董事会会议津贴和董事会专门委员会会议津贴三部分组成。2014年9月12日，中国上市公司协会颁发了《上市公司独立董事履职指引》，该指引补充并完善了以往关于独立董事履职相关规定过于笼统的表述，进一步明文规定了独立董事每年至少需要花费15个有效工作日为其所任职的公司服务，而且至少需要10个工作日在其所任职的公司现场工作。2016年证监会颁布的《上市公司股权激励管理办法》（试行）中第八条明确规定，股权激励对象不包含独立董事①。

　　因此，本书所研究的独立董事薪酬指薪酬契约中规定发放给独立董事的薪金与报酬，仅指固定报酬和会议津贴等货币性报酬。首先，独立董事薪酬水平是指公司年度内聘任的所有独立董事的薪酬进行平均，然后取自然对数，即独立董事的平均薪酬；其次，关于独立董事内部薪酬差距的定义，采用哑变量和连续变量两种方式衡量。第一种独立董事内部薪酬差距哑变量采用是否存在内部薪酬差距来衡量，第二种独立董事内部薪酬差距连续变量采用公司所聘任的所有独立董事中最大薪酬与最小薪酬的差距来衡量；最后，企业为独立董事制定薪酬时，通常会参照同行业的薪酬基准，然后制定出在本行业具有竞争力的薪酬水平，高于行业基准的薪酬不仅可以吸引声誉较高和能力较高的优秀人才，还能增强本企业员工的竞争力。由此可见，企业薪酬均值与同行业薪酬基准两者之间的差距必然会对独立董事的激励效果产生截然不同的影响，因此，根据年度—行业计算独立董事年度行业平均薪酬，对独立董事外部薪酬差距进行如下定义：（1）当企业独立董事薪酬均值高于行业平均薪酬，独立董事外部薪酬差距为企

---

① 证监会于2016年颁布的《上市公司股权激励管理办法》中同样规定股权激励对象不应当包括独立董事。

业独立董事薪酬均值与行业薪酬均值的比值，记为EXGAP1，可见，独立董事薪酬均值高于行业薪酬均值的距离越大，EXGAP1数值越大；（2）当企业独立董事薪酬均值低于行业平均薪酬，独立董事外部薪酬差距为行业薪酬均值与企业独立董事薪酬均值的比值，记为EXGAP2，可见，独立董事薪酬均值低于行业薪酬均值的距离越大，EXGAP2数值越大。

二、企业风险承担水平

风险承担一直是国内外企业组织战略决策中的热点研究话题。企业风险承担属于企业财务行为（肖金利等，2017）[6]，作为一项重要的企业决策行为，既具有优点和缺点的特征，也具有主观性与客观性的特点。首先，企业经营发展具有不确定性，而这种不确定性需要企业的决策者根据自己的实践经验进行抉择。危机和机遇并存，企业在投资过程中会面临诸多危机，但是危机的背后也蕴含着企业未来的发展方向，所以企业决策者的行为选择决定了企业是应对风险为企业发展寻找出路，还是畏惧风险而缺乏竞争力，逐渐被市场淘汰。其次，已有研究普遍证明，风险承担具有积极的一面，高风险项目一般具有更高的预期回报，因此利润则可以理解为对风险承担水平较高的企业的一种补偿。企业具有较高的风险承担水平，不仅有助于增强企业的竞争能力，进而提升企业绩效，还有利于提升社会生产力，进而促进社会整体经济的发展。但是企业如果不顾自身实际而过度承担风险，就会使企业投资风险失去控制，进一步导致企业陷入严重的财务危机，更严重的情况下，可能会导致企业被破产清算。

国外研究风险承担最早可以追溯到企业家的冒险精神，其实质内容就是企业家勇于承担风险所追逐的利润增长。但伴随着现代化企业的发展与壮大，从风险承担的主体来看，由于所有权与控制权的分离，企业家本身应该具有的冒险精神被代理问题的存在而显著削弱。管理者出于个人私利的需要，或出于收益与责任的不对等，可能不再愿意承担风险，甚至放弃一些虽然存在风险但预期净现值大于0的项目，进而对企业利益造成损害。可见，代理问题是影响企业风险承担的重要因素。

风险承担水平是企业在风险承担的实践进程中不断积累形成的，代表了企业承担风险程度的高低和企业面临的经营不确定性的大小。本书基于风险承担的概念，并基于相关文献梳理的基础上，沿袭上述研究成果，企业的风险承担水平采用管理者对投资风险的态度和最终决策来度量，也是管理者的一种决策行为取向，也就是管理者所选择的投资项目风险越高，企业的风险承担水平越高（Coles 等，2006；Dong 等，2010；Faccio 等，2016；李文贵和余明桂，2012；余明桂等，2013；李小荣和张君瑞，2014；董保宝，2014）[7-13]。

学者对企业风险承担水平的衡量主要是应用企业业绩波动和股票收益波动这两种指标。业绩波动性衡量企业风险承担水平主要包括，观测期为三年或者五年的企业 ROA、ROE、TobiuQ 和现金流变动的标准差，以及 ROA 最大值和最小值之间的极差。企业股票收益波动率衡量企业风险承担水平包括，观测期为三年或者五年的股票年度收益波动率、周收益波动率和日收益波动率（即股票收益的标准差）。学界普遍认为，必须在市场有效的基础上才能以股票收益的波动率作为来衡量指标，否则企业风险承担水平便和股票市场的波动没有直接的关联，衡量的风险承担水平也是无效的。所以，基于我国股票市场的现状，企业 ROA 和 ROE 的波动比股票收益波动更适合检验不同企业之间存在的差异。企业业绩波动性越大，意味着企业风险承担水平越高。

第三节　研究内容与研究思路

一、研究内容

本书研究目的在于，通过理论分析和实证检验探究独立董事薪酬水平、独立董事内部薪酬差距和独立董事外部薪酬差距对企业风险承担水平的影响，以及深入探究他们二者之间影响关系的传导机制，旨在分析独立董事薪酬激励对缓解委托代理模式下管理者短视问题的影响，即其监督与咨询职能对企业风险承担水平的影响，为企业激励独立董事及有效促进其治理效应发挥提供了微观层面的理论支撑和实践依据。基于以上研究目的，本书的具体章节安排如下：

第一部分，绪论。这部分内容主要论述选择独立董事薪酬激励与企业风险承担水平作为本书研究主题的背景与意义，为后续探讨研究对象之间的逻辑关系做好铺垫，对重要概念进行界定，逐一明确了本书的研究内容与研究思路、研究方法，并对本书研究的主要创新之处做出汇总。

第二部分，文献综述。文献回顾主要包括以下几个方面：首先，从独立董事个人特征、独立董事声誉和薪酬两方面对独立董事相关文献进行了梳理和总结，并且对独立董事文献进行了述评；其次，从外部经济环境、公司内部治理层面、管理层特质三个方面对企业风险承担水平影响因素，以及风险承担的经济后果研究进行梳理和总结，并且对企业风险承担水平文献进行了述评；最后，对现有关于独立董事与企业风险承担水平的研究进行总结和评述。

第三部分，阐述理论基础和对影响机理进行分析。首先，对本书涉及的委托代理理论、独立董事效率理论、资源依赖理论、锦标赛理论、社会比较理论以及高阶理论逐一阐述，然后，从理论层面分析了独立董事薪酬激励对企业风险承担水平的影响机理和路径。

第四部分，独立董事薪酬水平对企业风险承担水平的影响进行实证检验。这一部分中，从独立董事效率理论角度探讨了独立董事薪酬水平如何影响企业风险承担水平，以及具有海外背景独立董事对两者关系的影响，同时还进一步检验独立董事薪酬水平高低对独立董事激励是否存在差异，把样本按照独立董事的平均薪酬是否高于其年度行业中位数，区分为高平均薪酬组和低平均薪酬组进行比较。进一步通过管理层短视程度与独立董事个人层面的履职效率（独立董事勤勉度和独立董事对投资意见的充分表达效果）的中介效应梳理了独立董事薪酬激励作用于风险承担水平的内部机理与路径。最后，独立董事可以提升管理层的内部监督压力，但是分析师等资本市场外部中介机构对管理者的治理影响也不容忽视。接下来，从分析师跟踪、媒体关注度、机构投资者持股三大外部监督主体分情景进行检验，验证了独立董事与分析师、外界媒体和机构投资者对上市公司监督治理方面存在替代效应。

第五部分，独立董事内部薪酬差距对企业风险承担水平的影响进行实证检验。从锦标赛理论视角探讨独立董事内部薪酬差距对企业风险承担水平的作用，还尝试分析具有海外背景独立董事对两者关系的影响。进一步也是通过管理层短视程度与独立董事个人层面的履职效率（独立董事勤勉度和独立董事对投资意见的充分表达效果）的中介效应梳理了独立董事内部薪酬差距激励作用于企业风险承担水平的内部机理与路径。研究发现，全样本独立董事内部薪酬差距可以提升企业风险承担水平。之后为了进一步探讨独立董事内部薪酬差距是否会产生薪酬公平性问题以及是否存在非线性效应，按照内部薪酬差距程度大小将样本分成三个观察组，发现仅在独立董事内部薪酬差距大的样本组，独立董事内部薪酬差距有助于提升企业风险承担水平。同时还从公司内部治理机制三方面进行异质性分析，探讨了独立董事内部薪酬差距的激励作用在国企与非国企、股权集中度高与股权集中度低、CEO权力大和CEO权力小的企业中对风险承担水平的差异化效应。

第六部分，独立董事外部薪酬差距对企业风险承担水平的影响进行实证检验。该部分将同产权性质、同行业独立董事薪酬均值作为参考点，将独立董事外部薪酬差距分为高于行业薪酬均值和低于行业薪酬均值的两大类，从社会比较理论视角探讨两类独立董事外部薪酬差距对企业风险承担水平的作用，以及具有海外背景独立董事对两者关系的影响。进一步也是通过管理层短视程度与独立董事个人层面的履职效率（独立董事勤勉度和独立董事对投资意见的充分表达效果）的中介效应梳理了独立董事外部薪酬差距激励作用于企业风险承担水平的内部机理与路径。研究结果表明，高于行业均值的独立董事外部薪酬差距能够有效激励独立董事发挥监督作用，缓解管理层短视行为，并且激励独立董事积极参加董事会会议，同时利用专业技术对企业重要投资项目提出参考建议，有助于企业风险承担水平的提升。本章节还进一步将外部环境异质性纳入研究框架，分析了独立董事外部薪酬差距对企业风险承担水平的影响在社会信任水平高的地区与社会信任水平低的地区、垄断行业与竞争行业以及市场化进程高与市场化进程低地区中企业是否存在差异。

第七部分，研究结论、政策建议与进一步研究的方向。本章主要对前

文实证研究结果进行总结，并在此基础上针对我国上市公司独立董事薪酬
制度存在的问题提出一些政策性建议，并分析本书研究的局限性，提出未
来学术界可以进一步探讨的方向。

二、研究思路

本书的研究思路如图1-1所示：

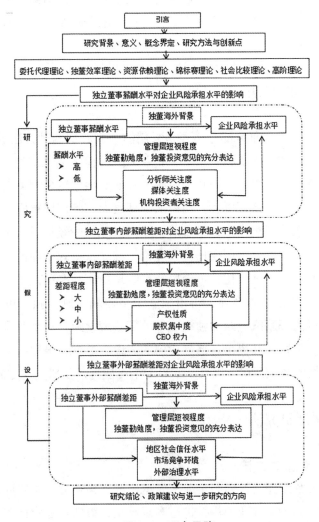

图1-1 研究思路

第四节　研究方法

研究方法是我们在客观世界中学习并掌握规律的工具和手段，可以帮助我们对某项规律的认知从无发展到有，从粗略发展到精细。本书研究方法主要以理论分析和实证研究为主，辅之以文献分析和统计分析，努力做到规范与实证相结合。

一、归纳演绎法

本书涉及的规范研究部分主要是采用演绎和归纳两种方法进行研究。首先，本书梳理和归纳了独立董事和企业风险承担水平的相关文献，从独立董事个人特征、独立董事声誉和薪酬两方面对独立董事相关文献进行汇总和梳理，从外部经济环境、公司内部治理层面、管理层特质三个方面对企业风险承担水平影响因素，以及对企业风险承担的经济后果研究进行梳理和总结。然后，综合运用委托代理理论、独立董事效率理论、资源依赖理论、锦标赛理论、社会比较理论以及高阶理论，并在前人研究的理论和文献基础上，经过演绎推导，得出独立董事薪酬激励（独立董事薪酬水平、独立董事内部薪酬差距和独立董事外部薪酬差距）与企业风险承担水平二者之间的关系，并提出各部分相应的假设。最后，根据本书的研究结论提出针对性的政策建议，以及学术界未来可能进一步研究的方向。

二、实证研究法

（一）统计描述方法

在进行各章多元线性回归之前，先运用统计描述方法对研究对象及指标在研究期间的关系和变动规律进行客观反映，第四章是对样本公司独立董事行业薪酬水平、样本公司独立董事各年度薪酬水平均值以及主要控制变量进行了描述性统计。第五章是对独立董事内部薪酬差距进行了描述性统计，以及对内部薪酬是否存在差距进行分组，将样本分为内部薪酬存在差距组（YINGAP）和内部薪酬不存在差距组（NINGAP），并且考察这两组样本中涉及的公司财务指标和公司治理特征指标之间是否存在较大的差异。第六章是对独立董事外部薪酬差距进行了描述性统计，并按照独立董事外部薪酬差距进行分组，将样本分为高于行业均值的外部薪酬差距组（EXGAP1）和低于行业均值的外部薪酬差距组（EXGAP2），考察两组样本中控制变量是否存在差异。

（二）多元线性回归方法

本书运用多元线性回归分析方法检验独立董事薪酬水平、内部薪酬差距、外部薪酬差距与企业风险承担水平的关系，在进一步研究中，考虑内外部环境异质性进行分组回归，并采用似无相关模型的检验方法（suest）来验证两组系数及显著性是否存在差异。

（三）两阶段工具变量回归方法

工具变量回归方法是指寻找某一个与模型中解释变量高度相关，但与随机误差项不相关的变量，那么此变量就称为工具变量，然后再采用工具变量进行两阶段回归，在一定程度上可以缓解内生性问题。因此，本书第四章稳健性检验中使用除该公司外同年同行业其他公司支付给高管的平均薪酬（PAYIV）作为该公司独立董事平均薪酬（PAY）的工具变量（IV）；第六章稳健性检验中采用除该公司外同年同行业其他公司独立董事外部薪酬差距均值（GAP1IV）作为该公司独立董事外部薪酬差距（EXGAP）的工具变量（IV），分别再进行面板数据随机效应的两阶段回归分析，以进一步缓解多元回归中的内生性问题。

（四）倾向得分匹配方法

倾向得分匹配方法（Propensity Score Matching，PSM）可以缓解样本选择偏差与混杂变量等内生性对研究结论的影响。本书第五章稳健性检验部分用最近邻匹配法，按照1∶1比例为独立董事存在内部薪酬差距的样本进行PSM配对，减少系统性偏差，在一定程度上可以解决内生性问题，更加准确合理地反映所研究的问题。

（五）中介效应路线分析方法

经济现象中两者之间的影响关系千丝万缕，不仅仅是较为容易分辨出来的直接影响，还存在很多相关关系是通过中介作用而产生的间接影响。独立董事薪酬激励对企业风险承担水平的影响，除了独立董事制度直接作用于公司治理，还来自于薪酬激励下独立董事调整自身履职效率（积极参会董事会会议并给予公司更多的投资建议）以及独立董事通过增加监督力度缓解管理者短视程度的方式作用于企业投资活动。因此，本书通过中介路径分析，使得文章的研究路径更加清晰。

第五节　创新点

本书对独立董事薪酬激励和企业风险承担水平之间的关系以及作用机理进行了系统的研究，总结出以下创新点：

第一，识别了差别化独立董事薪酬的作用，扩展了独立董事薪酬激励相关研究。

现有文献普遍关注独立董事在董事会中的占比、独立董事个人特征与职业经历等对公司治理水平的影响，认为独立董事能够在完善公司治理机制、提高公司信息披露质量、抑制控股股东与经理人机会主义行为等方面发挥有效的监督作用，但却忽略了独立董事与其所任职的上市公司之间存在的代理问题会影响独立董事履职成效，所以本书试图探讨降低独立董事代理成本的可行性途径。目前我国学术界和实务界都强调经理人的薪酬制定规则，但是对独立董事薪酬制定问题并没有给予应有的关注与重视，现有关于独立董事薪酬激励的研究成果相对较少，尤其是从独立董事内部薪酬差距和外部薪酬差距两个维度进行分析激励效果的更少。与现有研究不同，本书将独立董事内部薪酬比较拓展到行业平台比较，从独立董事薪酬水平、独立董事内部薪酬差距以及独立董事外部薪酬差距多维视角考察对其激励效应以及公司治理效应，不仅扩展了独立董事的研究内容、同时也拓展了薪酬差距的研究视野。与此同时，从本书的研究结论可以看出，独立董事的薪酬水平和薪酬差距能够显著促进独立董事积极履职，缓解管理层短视行为，进一步提高企业风险承担水平。因此，本书不仅证明了货币薪酬是影响独立董事治理功能中不可或缺因素，还为今后研究如何制定独立董事薪酬政策和如何有效激励独立董事履职提供了可以借鉴的文献参考和经验证据的支持。

第二，拓展了独立董事薪酬激励在资本市场的溢出效应。

国内外也有部分学者研究了独立董事薪酬激励，但是他们主要关注货币薪酬激励对独立董事的监督能力（Hope 等，2019）、独立董事的异议行为（李世刚等，2019）、公司盈余质量（张天舒等，2018）以及上市公司违规行为（朱杰，2020）的影响[14-17]，基于以上的研究成果，本书从另外的角度挖掘了独立董事薪酬激励在资本市场的溢出效应，基于中国制度背景下独立董事薪酬结构特征，发现了独立董事薪酬激励会影响企业风险承担水平，这是对企业风险承担水平影响因素的有益补充。进一步研究了独立董事薪酬激励对企业风险承担水平的影响路径，并进行理论分析和数据验证。本书不仅拓展了企业风险承担水平的影响因素领域的研究成果，也有助于独立董事薪酬激励规章制度的制定和完善。

第三，丰富了高阶理论和企业风险承担水平领域的研究成果。

现有关于企业风险承担水平的研究主要是基于烙印理论、管理层风险规避假说、资源效应理论等多学科整合的理论基础，从高管职业背景、个人特征和薪酬激励等方面进行影响因素分析。现有关于独立董事海外背景对企业风险承担水平的影响尚未进行深入探讨。本书运用手工搜集的独立董事海外背景特征数据，将独立董事海外背景这一发展中国家重要的人力资源特征嵌入到独立董事薪酬激励与企业风险承担水平两者之间关系的影响研究，丰富了企业风险承担水平领域的研究成果。

第二章　文献综述

第一节　独立董事研究现状

回顾国内外有关独立董事制度的相关研究，发现独立董事制度能够有效解决现代企业两权分离所引发的一系列问题，能够有效抑制管理层损害股东的利益，进一步优化公司治理结构。学术界发现影响独立董事发挥治理效应的因素有很多，目前来看学者的研究主要包括独立董事个体特征和背景、独立董事声誉以及薪酬激励等方面；从独立董事发挥效用的经济后果来看，主要会影响到公司违规、公司绩效、盈余管理、高管薪酬以及企业投融资等方面。

一、独立董事个人特征和背景

独立董事主要具有监督与咨询的作用，而独立董事的独立性和专业性是其发挥作用的基本条件。就专业性而言，独立董事作为董事会主要成员，企业战略制定时需要独立董事具有管理技能，并且上市公司要求独立董事中必须有一名会计人员，因而独立董事的专业素养和执业经验的差异会直接影响其履职效果。然而，独立董事的专业素养和执业经验主要受独立董事个人特质、职业背景、社会网络和地理临近性四方面影响，因此，从上述四部分分别进行综述。

（一）独立董事个体特征

基于高阶理论的基础上研究独立董事个人特征的经济后果，不仅拓宽了该理论在企业财务管理中的应用范围，而且有助于完善企业人力资源的管理模式。郑立东等（2013）研究发现上市公司聘请更多的女性独立董事、独立董事平均年纪越大，越能够抑制企业过度投资；聘请更多财务背景的独立董事，越能够抑制企业投资不足，提升企业投资效率，对提升企业价值的作用较为显著[18]。郝云宏等（2014）研究独立董事身份特征对企业绩效的影响，发现年龄、学历、性别、职称与企业长期绩效的相关性都不显著；而独立董事的政治身份对短期绩效具有负面影响；独立董事的职称和性别不会影响短期绩效[19]。高凤莲等（2020）指出，任职伊始，独立董事的监督力度提升了审计质量，但是随着任职期限的延长，与内部人熟络程度的提升导致独立性下降，监督力度降低，审计质量反而下降，即任期与审计质量呈倒"U"型关系[20]。政治背景复杂性降低了独立董事的独立性，不利于公司审计质量。独立董事的学习经历和教育程度等会影响独立董事履职效应，独立董事学历越高、拥有海外经历或者行业协会经历时，可以提高独立董事的独立性，这些经历可以帮助企业扩展获取信息的渠道，也可以提高独立董事对公司的监督力度（Armstrong 等，2014）[21]，进而提高了审计质量。董事会职能以及个人特征会影响企业的财务信息，进而会影响企业债务契约的签订（Anderson 等，2004）[22]。Smith 和 Warner（1979）研究发现，董事会对企业财务信息生成具有重要的监督职能，董事会的监督效率可能会影响债权人对企业借贷契约有效性的认定，于是导致债务融资成本受到影响[23]。

具有海外经历的董事能够脱离本地的束缚，通过优化董事会的监督和咨询职能，会增强债权人的信贷意愿，从而进一步降低企业的债务融资成本（谢获宝等，2019）[24]。马连福等（2011）研究结果显示，与本地成长的独立董事相比较，海外经历可以提升独立董事的监督能力，具有较强的企业战略决策制定能力，更有利于公司绩效的提升[25]。项慧玲（2019）研究结果表明，具有海外背景的独立董事思想经过国外的熏陶，会更加追求效率，因此，在参与制定管理层薪酬的时候，会显著扩大了企业管理层与员工和管理层之间的薪酬差距，通过扩大内部薪酬差距产生的激励作用，进而提高了企业的财务绩效和市场绩效[26]。王化成（2015）研究发现，海外背景独立董事可以提高公司高管薪酬业绩敏感性，并且在非国有上市公司和法制不健全地区的公司两者之间的显著性更高[27]。王裕和任杰（2016）研究发现，海外背景独立董事拥有更强的主观监督能力，遏制管理层的盈余操纵，有动机提高公司治理水平，更可能聘请"大所"进行年报审计，也提高了企业获得清洁审计意见的概率[28]。郑宇新等（2019）研究发现，独立董事的媒体背景会显著抑制企业的股价崩盘风险，并且随着独立董事年龄的增大，以及独立董事教育程度的提升，这种抑制作用会更加明显[29]。

（二）独立董事职业背景

创新活动是一个极其复杂的过程，需要更加完善的公司治理机制对R&D活动进行全程监督。与具有其他背景的独立董事相比，技术独立董事更具有辨别管理层的投资决策是否对企业整体利益有益的能力。Dalziel等（2011）研究发现，董事的人力资本和关系资本会影响研发支出，区分内外部董事后，发现只有外部技术董事能够显著促进企业的研发支出[30]。胡元木（2012）发现聘请技术独立董事可以提升企业研发投入产出效率，现金薪酬激励可以进一步促进技术独立董事的履职意愿，R&D产出效率大幅度提升；如果上市公司同时聘请了技术独立董事和技术执行董事时，两者之间的相互沟通和配合可以起到互补作用，进一步提升了企业创新效率和创新水平[31]。胡元木等（2016）进一步研究发现，具有技术专业背景的独立董事及时识别出来管理层的机会主义行为，有效抑制管理层盈余操作行为，以此提高盈余信息质量[32]。Bravo和Reguera-Alvarado（2017）结合代理理论和资源依赖理论，指出董事资本可能对研发战略产生影响，前提是在董事会积极开展监督的情况下，技术董事能够有效地促进企业研发投入[33]。许永斌和万源星（2019）以家族企业为研究对象，从研发投入阶段来看，聘请具有专业技术和经验的独立董事有助于提升家族企业的创新意愿，有助于企业持续创新；从成果应用阶段看，技术独立董事对成果应用的保守意愿抑制成果应用效益，对企业价值造成负面影响[34]。刘中燕和周泽将（2020）发现，技术独立董事深知技术创新的重要性，通过提高董事会的创新偏好显著提高了企业的研发投入，有利于企业的可持续增长。区别异质性分析，发现男性独立董事和东部地区企业的技术独立董事对研发投入的促进作用更强[35]。

刘浩等（2012）以独立董事具有银行背景为视角，研究发现，银行背景并不能使独立董事发挥有效的监督作用，但是可以发挥有效的咨询作用，企业利用兼职独立董事的银行工作背景与银行之间建立往来关系网络，使得企业的信贷融资得到改善[36]。孙甲奎和肖星（2019）研究发现，投行独立董事具有收购等资本运作的专业知识和实务经验，同时对资本市场规则和监管方面有深入了解，在收购实施阶段，具有投行经验的独立董事有助于提升收购方公司价值[37]。于鹏和闫冰洁（2020）研究发现，银行背景的独立董事具有信贷方面的专业知识，为企业提供融资方案和资源支持，可以帮助企业提升银行借款率，还有助于优化企业的债务期限结构，进一步还有助于降低企业的债务融资成本[38]。

按照我国证监会的规定，要求上市公司聘请的所有独立董事中至少需要存在一名会计专业人士，多数学者也发现，在董事会和审计委员会中如果有财务专长背景的独立董事能够发挥强有力的监督职能，财务专长的独立董事能够提升董事会的治理效果（Dhaliwal等，2010；Naiker等，2013）[39-40]。一般认为，会计背景的独立董事有助于监督公司的会计舞弊问题，促进企业提高财务报告质量，增强财报的可靠性。向锐（2014）研究发现，财务独立董事的性别、年龄和职称水平与企业会计稳健性正相关，若财务独立董事是CPA型、教授型、政府型对企业会计稳健型的提升也有明显的作用，但是具有海外经历以及银行背景的财务独立董事与企业会计稳健性之间没有显著的相关性[41]。吴溪等（2015）在实践中发现，上市公司聘任曾经有过事务所从业经历的独立董事一般存在3种模式：首先是"同门"模式，即公司中兼职的独立董事和主审计师是出于同一家会计师事务所；其次是"前同行"模式，公司聘请的独立董事和主审计师是前同事；最后是"同行"模式，即现任会计独立董事与审计师来自于不同事务所；"前同行"模式往往导致主审事务所的对公司的审计模式发生较大的调整，"同行"模式往往导致主审事务所对公司的审计调整幅度最小，而"同门"模式的调整幅度居中[42]。张梅（2015）研究表明，会计背景独立董事可以提高股价信息含量，并且机构投资者的监督效应能够显著增强两者之间的正相关关系[43]。还有学者研究发现，具有财务背景独立董事能够有效抑制上市公司的盈余管理（Bedard等，2004）[44]，与异地财务背景独立董事比较而言，本地成长的具有财务背景的独立董事能够显著抑制企业股价崩盘风险（董红晔，2016）[45]，更能抑制公司的盈余管理（周军，2019）[46]。王凯等（2016）研究表明，具有实务界会计背景独立董事由于参与上市公司日常决策的时间精力充沛和实践经验相对丰富，因此，他们可以通过事前、事中和事后的监督功能抑制控股股东掏空行为[47]。蔡春等（2017）研究发现，具有会计专业背景的独立董事在多家上市公司兼职，兼职席位数越多说明独立董事的专业胜任能力越强，对公司的真实盈余管理的抑制程度越高，进一步研究发现，企业中会计专业独立董事并且具有事务所经历的独立董事占比越高时，越有动力和能力抑制公司的真实盈余管理[48]。Byrd等（1992）认为外部董事在并购过程中可以发挥作用，对并购决策估价更加清晰客观[49]。何任等（2019）研究发现，财务独立董事对企业并购绩效发挥了积极的促进作用，财务独立董事的监督与咨询功能能够有效的抑制管理层获取私利的动机和管理层的过度自信，进而提升企业并购绩效，同时，年长的和具有学术背景的财务独立董事能够进一步增强对企业并购绩效的改善结果[50]。翟淑萍和袁克丽（2019）研究发现，财务独立董事曾经有过事务所工作经历会提高企业信息披露质量，并且能够提高分析师对上市公司的盈余预测准确性[51]。

随着企业日趋发展壮大以及复杂的外部环境，企业面临的法律风险越来越大，防范法律风险是企业快速发展的前提和保障，因此企业需要增长法律常识来应对涉诉风险。现有部分研究发现，法律背景独立董事多元化和丰富的实务经验在任职过程中可以发挥积极的公司治理效应。Agrawal和Knoeber（1996）研究发现，如果企业陷入诉讼纠纷、面临债务重组等问题时，法律背景独立董事可以给予专业化指导，最大限度地降低企业损失[52]。学者进一步研究发现，上市公司聘请更多的法律背景独立董事时，可以提高投资者保护程度（唐建新和程晓彤，2018）[53]，独立董事的法律从业经验越丰富，对抑制企业高管利用职务之便犯罪的效果越明显（全怡和陈冬华，2017）[54]，降低企业违规次数（吕荣杰等，2017）[55]。何威风和刘巍（2017）研究发现，声誉效应和实务经验是上市公司聘任法律独立董事最为关心的两个特征，声誉越高和执业经验越丰富的独立董事，越容易得到上市公司的偏爱，上市公司主要是利用法律独立董事的专业知识，向上市公司提供咨询服务，其监督作用是次要的；当公司面临法律诉讼问题，或者存在资产收购活动，以及股利分配和股权转让问题时，公司聘任具有法律背景的独立董事的意愿增加；进一步研究发现，聘任具有法律背景的独立董事有助于公司价值的提升[56]。

声誉效应对于学术型独立董事来说，相当于他们的"金字招牌"，我国大多数学术型独立董事是各高校老师，以及我国的一些科研院所和科研机构。Valentine 和 Fleischman（2008）研究发现，教授的伦理标准可以更好地促进履行企业社会责任[57]。因此，学术型独立董事在履职的过程中十分关注个人形象和个人声誉，所以声誉机制能够激励独立董事积极地履职，抑制管理层规避风险等行为，保护股东利益，降低公司发生股价崩盘风险的概率（杜剑和于芝麦，2019）[58]。向锐和宋聪敏（2019）研究发现，学者型独立董事拥有较高的文化素养、知识储备和社会地位，这些因素会促进其履职的积极性，能够抑制企业的盈余管理，相较于国有企业，学者型独立董事对提升民营企业盈余质量更为显著[59]。Audretsch 和 Lehmann（2006）认为，具有学术背景的独立董事利用丰富和多元的专业化知识，促进公司获得知识外溢效应，进而增强上市公司在市场上的竞争优势[60]。学术型独立董事具有创新思维，能够有效的促进企业的研发投入（章永奎等，2019）[61]。

根据"资源支持理论"，独立董事的政治关联有利于上市公司增强银行信贷的能力和获取更多的政府补贴（黄珺和魏莎，2016；王凯等，2017）[62-63]，为企业经营业绩带来正面影响（魏刚等，2007；Mizruchi 和 Galaskiewicz，1993）[64-65]。但是也有学者发现，聘请具有行政职务的人员担任独立董事，会降低独立董事的独立性，不利于提升国有企业的财务信息质量（余峰燕和郝项超，2011）[66]。对于民营企业，为了谋求政治关联会倾向于选聘具有行政背景的人员担任独立董事，行政背景的独立董事可以更好地提供资源支持，但其发挥监督职能的作用有限（谢志明和易玄，2014）[67]。朱凯等（2016）和邓晓飞等（2016）以中组发〔2013〕18号文件颁布作为制度变迁的背景环境，研究发现，相较于国有企业，聘请官员独立董事的民营企业支付的现金股利水平更高，当官员独立董事辞职后，因此丧失的政治关联会导致民营企业的股价显著下降[68-69]。罗进辉等（2017）也以"18号文"作为制度变迁背景，研究发现，投资者对官员独立董事与非官员独立董事辞职会产生完全相反的市场反应，官员独立董事主要呈现是"掠夺之手"的角色，进而不利于公司价值的提升[70]。

（三）独立董事社会网络

独立董事并不是实务界所言的"花瓶董事"。Larcker 等（2011）研究发现，独立董事网络中心度越高，便于独立董事利用网络关系获取有用的专业知识等，以及企业的薪酬契约制定相关的信息等[71]。从而制定更加有效的薪酬契约，对高管激励越有效，高管薪酬业绩敏感性越强（陈运森和谢德仁，2012）[72]。傅代国和夏常源（2014）研究发现，独立董事利用社会关系网络可以发挥有效的监督作用，网络中心度越高越能抑制上市公司进行盈余管理操纵，提升盈余质量[73]。万良勇和胡璟（2014）研究发现，如果独立董事的社会网络中心度越高，独立董事越能够提供更好的并购决策建议，公司越容易发生并购行为[74]。连锁独立董事可以作为信息传输的渠道，会导致连锁公司之间的会计政策更加趋同，从而提高连锁企业之间的会计信息可比性（刘斌等，2019）[75]。李成等（2016）研究发现，CEO和独立董事的内部联结会促使企业提高税收规避程度，进一步研究发现，内部联结的独立董事仅对低强度的税收规避给予支持，并且进行适度的避税显著提升了企业价值[76]。邢秋航和韩晓梅（2018）研究发现，独立董事的社会网络中心度越高，兼职公司所聘任的审计师质量越高[77]。陈运森和郑登津（2017）研究结果显示，董事连锁网络与企业之间的投资水平正相关[78]。周军（2018）研究发现，独立董事网络可以为企业提供多样化的信息和丰富的专业知识，较高的网络中心度可以提升企业的创新绩效[79]。

（四）独立董事地理临近性

公司聘请独立董事的目的在于发挥监督和咨询功能，企业因为需要加强咨询职能和弱化监督职能会主动选择聘请异地独立董事（孙亮和刘春，2014）[80]。由于地理距离导致独立董事参加董事会会议需要承担额外的经济费用，以及需要付出更多的时间成本等因素，造成异地独立董事参加董事会会议的次数有限，于是日常对公司的经营情况实地考察机会更少，因此无法对上市公司进行充分的监督（Alam 等，2014）[81]。异地独立董事处于信息劣势，公司与独立董事之间的信息不对称程度增大，导致独立董事对公司的监督无效，造成了公司更严重的过度投资（曹春方和林雁，

2017）[82]，异地独立董事表现出"监督无效"，导致公司财务重述增多（张洪辉和平帆，2019）[83]。罗进辉等（2017）则发现，独立董事地理距离对其发挥监督职能并不是简单的线性关系，距离太近或者太远都不利于监督职能的发挥，即独立董事距离任职公司的距离和公司的双重代理成本都表现出显著的 U 型曲线关系[84]。林雁等（2019）从文化多样性角度考虑，独立董事与聘用公司之间的文化差异度越高，异地独立董事越是抑制公司创新投入[85]。范黎波和尚铎（2020）研究表明，独立董事地理距离与掏空程度呈"U 型"关系，独立董事地理距离是通过独立董事合谋行为和信息劣势影响掏空行为的[86]。近距离独立董事很可能与上市公司或者控股股东之间产生亲密的社会关系，会严重影响独立董事的独立判断能力。亲密关系依靠彼此之间的信任，过度的信任关系会影响合约的规范性，导致隐蔽操作的违规行为难以被发现（Lim 等，2010）[87]。独立董事本地任职可以抑制上市公司应计项目盈余管理（黄芳和杨七中，2016）[88]，还可以降低上市公司的违规倾向（周泽将和刘中燕，2017）[89]，并且能够显著抑制大股东掏空行为（周泽将和高雅，2019）[90]。周泽将和徐玉德（2015）研究发现，独立董事本地任职因限于复杂的地缘关系，会影响其履职效率，显著降低企业的经营业绩[91]。罗进辉等（2018）基于国有企业高管薪酬为视角，研究发现，国有企业中本地独立董事占比越高，公司高管的整体薪酬水平越低，与此同时，公司高管的薪酬业绩敏感性也会比较低[92]。

二、独立董事声誉和薪酬

独立董事在现实中充当着理性"经济人"的角色，基于权利和义务对等原则，倘若想要促使独立董事有效的发挥监督与咨询职能，勤勉地发挥职能，缓解企业存在的代理问题，就需要给予独立董事相应的激励措施，与此同时，独立董事在履职中也承担相应的法律义务。现有关于研究独立董事激励主要包括声誉激励和物质激励两方面。

（一）独立董事声誉对其职能履行情况的影响

"声誉机制"可以有效约束和激励独立董事履职，越来越受到独立董事的重视（Masulis 和 Mobbs）[93]。独立董事的声誉越高，说明独立董事拥有的社会地位越高，独立董事的任职机会就越多。积极有效的发挥其监督与咨询的职能是独立董事维持自身良好声誉的关键因素。独立董事在资本市场上的声誉越高，其独立性越强，是缓解公司代理成本的重要机制（Fama 和 Jensen，1983）[94]。在我国，良好的声誉和专业知识有助于提升独立董事人力资本价值的实现，对其对个人事业发展也尤为重要，公司也更乐于聘任社会地位较高的独立董事（杜剑和于芝麦，2019）[58]，声誉受损会严重影响独立董事的任职，也会遭受到独立董事市场的排斥（刘浩等，2014）[95]。Du 等（2018）认为，独立董事声誉会影响其在执业市场上的人力资本定价，为了提高其自身人力资本定价，独立董事会通过恪尽职守，发挥积极的公司治理效应等方式来维持良好的声誉[96]。Brochet 和 Srini-vasan（2014）研究发现，当独立董事就职公司因财务和披露相关的欺诈行为被起诉时，投资者可以将独立董事列为诉讼的被告，他们还可以投票反对独立董事的连任，以表达对独立董事未能有效监督管理人员的不满情绪，为了避免声誉受损而带来的一系列负面影响，独立董事会保持自身的独立性[97]。独立董事在公司任职期间，公司的业绩增长和违规行为会为独立董事带来不同的影响，前者有助于提升独立董事的社会影响力，增加其未来的就业机会，后者会严重损害独立董事的声誉，对其未来获得新的职务有不可忽视的影响（陈艳，2008）[98]。陈艳（2009）研究发现，我国独立董事缺乏有效的劳动力市场，目前的声誉机制只能减少独立董事的违规行为，但是并不能有效的促进独立董事恪尽职守[99]。周泽将和刘中燕（2015）对独立董事因为违规而导致处罚的事件进行了研究，试图通过此研究来判断我国独立董事的声誉机制是否有效，实证结果显示，独立董事市场声誉机制在我国已经逐步显现，目前已经表现出微弱的作用[100]。学界"名人"独立董事不仅有助于企业财务报告质量的提升，还有助于监督公司高管，减少违规行为发生的概率（郑路航，2011）[101]，独立董事声誉可以抑制大股东掏空行为（毛建辉，2018）[102]。罗进辉（2014）采取新的方法来衡量独立董事的社会声誉激励效应，即通过百度中文搜索引擎数据反映的社会知名度来进行衡量，进一步研究发现，聘请明星独立董事不利于提升上市公司高管薪酬—业绩敏感性[103]。相较于聘请名誉平平独立董事的上市公司，聘请明星独立董事反而会增加企业的双重代理成本（尤其是第二类代理成本），并且会显著降低企业价值（罗进辉等，2014）[104]。吴先聪和管巍（2020）利用手工收集的独立董事声誉数据，研究发现，管理层权力会加剧公司的股价崩盘风险倾向，但是"名人"独立董事在一定程度上削弱两者之间的关系，进一步研究发现，上市公司中"名人"独立董事越勤勉，参加董事会会议次数越频繁，以及"名人"独立董事中女性人员占比越高，可以缓解管理层权力加剧公司股价崩盘风险的作用[105]。

（二）独立董事薪酬的影响因素

学者对影响独立董事薪酬的决定因素进行分析，杜胜利和张杰（2004）研究发现，独立董事薪酬水平与独立董事工作时间、独立董事在董事中占比、企业规模以及企业持续发展潜力呈现显著正向相关关系，但是并不受企业注册地、所属行业以及独立董事人数的影响[106]。蒋义宏和吴志刚（2004）研究发现，独立董事津贴与企业资产规模和企业资产负债率之间存显著正相关关系[107]。孙璐等（2007）研究发现，独立董事丰富的职业背景能够提升其薪酬水平，且公司规模越大和市净率越高的企业给予独立董事的薪酬水平越高，如果上市公司被证监会处罚和陷入诉讼风险会显著削减独立董事的薪酬[108]。有学者认为，独立董事的薪酬水平是由其劳动付出决定的，独立董事获得的会议补贴随着参与董事会会议的次数增加而增加，会议补贴越高则薪酬总额越高。罗党论等（2007）认为独立董事制度发展经过了不同的历史阶段，每个阶段独立董事薪酬函数也不同，于是分别提出了声誉假设、按劳分配假设、支付能力假设以及风险补偿假设等，然后以这些假设为基础，发现独立董事的声誉、工作强度、公司支付能力是正向决定其报酬水平的关键因素，公司的经营风险负向影响独立董事的报酬水平，因此，这一研究结果有助于确定影响独立董事的报酬的因素[109]。郭葆春（2008）研究发现，独立董事薪酬与企业规模、企业绩效、董事平均薪酬、董事会会议次数以及独立董事地理距离显著正相关关系。另外考虑不同行业对人力资本的重视程度不同，非高新技术企业中独立董事薪酬水平显著低于高新技术企业[110]。孔玉生等（2008）发现，公司所处地区经济水平较高，则独立董事薪酬水平相对较高；声誉越高、有海外经历和较高的学术造诣的独立董事，他们的薪酬水平也偏高；从行业视角来看，医药类、科技类、金融类和交通运输业独立董事薪酬水平较高，而制造业的较低[111]。周良和陈共荣（2011）研究发现，独立董事的年纪、社会影响力、独立董事有博士学位人数占比、董事会召开会议次数以及企业规模与独立董事薪酬显著正相关[112]。另外，由于我国股权集中度较高，"一股独大"在我国上市公司中比较常见，即大股东拥有绝对的权利，董事会所起的作用较弱，第一大股东持股比例会削弱独立董事薪酬水平，从而也说明了第一大股东并不主张对独立董事进行薪酬激励（杜胜利，2004；孙璐等，2007；周良和陈共荣，2011；罗党论，2006）[106,108,112-113]。许楠等（2018）研究发现，当公司资产具有较高专用性时，独立董事的专业知识和实践经验对此类公司来说并无很大的作用，因此，此类公司以较低的薪酬聘请独立董事只是为了符合证监会的要求[114]。总的来说，我国学术界和实务界也在慢慢探索和挖掘，独立董事制度也在不断地朝着适合我国国情的方向发展。

（三）独立董事薪酬激励对公司治理的影响

一些学者认为我国引入独立董事的治理效应不佳，主要是因为对独立董事激励不足等造成的。我国独立董事的报酬水平过低（宋林和韩向荣，2003）[115]，独立董事缺乏有效的激励机制（陈艳，2007）[116]。独立董事自身也是代理人，也存在代理问题，为了促进独立董事对经理人的监督作用，也需要对独立董事进行适当的激励，企业需要建立有效的激励和约束机制，加强独立董事渎职行为的惩罚力度（李明辉，2006）[117]。谢德仁和黄亮华（2013）研究结果显示，公司代理成本与独立董事津贴存在显著正相关关系，说明独立董事会根据公司代理问题的严重程度寻求风险补偿，面临不同程度的风险要求的津贴水平不同[118]。董志强和蒲勇健（2006）通过构建一个针对独立董事报酬政策的理论模型，结果显示，独立董事市场声誉机制抑或投资者法律保护机制，只要两个机制其中有一个是有效的，就可以支付固定报酬给独立董事进而抑制与大股东合谋的可能性；若两者都不成立，就需要设计具有激励性的报酬给独立董事，促使其维护全体股东的利益[119]。刘曼琴（2009）研究发现，独立董事具有监督职能、政治职能和战略职能。我国独立董事激励制度与高管激励存在异同，由于独立董事制度的特殊性，我国独立董事薪酬激励内容单一，表现出津贴水平与风险不匹配等问题，因此，独立董事也陷入了薪酬激励与声誉激励两种争论之中，不论如何，期望独立董事职能可以有效发挥，那么必须给予独立董事充足的激励"动力"[120]。Yermack（2004）发现独立董事津贴（尤其是权益津贴）比声誉激励（潜在席位）更能促进独立董事履职效率，薪酬激励可以促进独立董事发挥监督职能，进一步有助于实现股东价值最大化[121]。有研究表明，如果得到足够的激励，独立董事将更努力地工作。唐清泉（2006）研究发现，独立董事学历越高，获得的报酬越高，独立董事更愿意去市值高、规模大、营业收入高和利润高的企业任职。上述研究结论证明，独立董事也是理性的经理人，而不是免费的代理人，因此，应该从降低独立董事可能面临的风险和提升独立董事报酬机制的角度进一步完善独立董事制度[122]。Adams和Ferreira（2008）研究发现，随着独立董事参会津贴的增长，独立董事参会率也显著提升，说明支付给独立董事充足的津贴可以提升其勤勉度，进而提升其治理效应的发挥[123]。姚伟峰（2010）运用随机前沿分析模型实证分析结果表明，独立董事津贴可以显著提升企业的经营效率，有助于进一步促进企业长期稳定发展[124]。

学者对独立董事津贴展开了初步研究，部分学者认为对独立董事薪酬激励设计仍然存在不合理的地方。多淑杰和罗志宏（2007）认为独立董事制度当前发挥的公司治理作用与初始设计目标有很大出入，原因在于独立董事薪酬制度设置得不合理，很多独立董事拿薪不干活，因此，重新设计独立董事薪酬制度是解决现有问题的关键之处[125]。唐松莲和刘桂良（2010）采用重复博弈模型预测独立董事薪酬激励可以提升公司盈余信息质量，但是实证结果与重复博弈模型预测不一致，实证发现两者之间不存在显著相关关系[126]。扈文秀等（2013）研究认为，企业给予监事和独立董事适当的激励肯定会发挥一些作用，关键在于如何激励他们发挥作用，但是在我国目前公司治理现状下，直接给予他们股权激励不能发挥很好的监督作用，而且现有针对他们的激励制度并没有发挥积极的治理作用[127]。独立董事制度源于欧美成熟的资本市场，我国是模仿他们的治理模式，期待可以有效发挥治理作用。沈艺峰和陈旋（2016）研究发现，由于我国的制度环境与欧美国家截然不同，以及我国的劳动力市场不完全和声誉机制发挥的作用有限，因而在制定独立董事薪酬契约时，需要参照同行业类似公司的薪酬均值作为基准，于是我国独立董事薪酬水平会出现"相互看齐"的效应，这样会导致企业不能准确地识别出独立董事能力的高低，独立董事的价值也不能准确地在薪酬上得到反映[128]。

迄今，对于如何设计独立董事报酬仍存在很大争论，对于如何给予独立董事薪酬激励的同时仍然使其保持独立性，目前学术界尚未达成一致的结论。在国外的研究中，一些学者认为舆论监督股东的成本较高，应该以股权激励的方式激励监督者，Marler 和 Faugere（2010）研究发现，以股权激励的方式对独立董事进行有效的激励和约束，有助于独立董事与股东利益保持一致，从而提高企业价值（Fich 和 Shivdasani，2005）[129-130]。但是，申富平（2007）认为我国股票市场起步较晚，市场监管经验不足，现阶段不宜采用股票激励手段。为了保证我国独立董事薪酬激励机制能够充分发挥作用，建议对独立董事实施长期+短期的混合激励机制，短期激励是根据独立董事的工作量来支付固定年金和会议补贴，这部分主要是日常出席董事会会议的次数决定的；长期激励是根据独立董事的履职效果给予延期支付计划，这部分主要是根据独立董事的履职效率和企业业绩决定的[131]。李秋蕾（2011）认为我国上市公司现阶段不适合倡导采取间接支付方式来给予独立董事薪酬，无论是从其理论基础、选聘方式，还是对其后期的培训以及薪酬制定的标准这几个方面来看都不具有可行性，并且认为提高独立董事的履职效率和独立性的关键不是支付主体，关键之处在于全面完善制度、提升监督效率和改善外部环境等。事实上，由于独立董事个体在社会地位、声誉等方面相差甚远，使得相同金额的薪酬对不同的独立董事产生的边际效应截然不同[132]。陈睿等（2016）研究发现，当独立董事声誉水平中等或者较低时，独立董事薪酬水平越高，越不利于其积极发挥监督职责，进而抑制其有效性；当独立董事声誉水平较高时，独立董事薪酬水平越高，可以对其有效性产生微弱的正向影响，但是结果不具有显著性，尽管如此，这也可以作为正向激励的证据，可能是薪酬通过激励独立董事勤勉工作引起的[133]。

随着对独立董事制度建设的日渐重视，独立董事薪酬结构也在发生变化，由原来同一家公司支付给所有聘任的独立董事的薪酬水平是一致的，现在也在慢慢地变化，逐渐出现了差异化薪酬。有学者发现在中国制度背景下独立董事差别化薪酬对独立董事激励至关重要，可以促进独立董事积极履职，为完善独立董事薪酬设计相关制度形成全新的认识，但是也有学者认为激励不当会造成截然相反的结果。郑志刚等（2017）发现，当独立董事薪酬水平较高时，可以改善上市公司的绩效；考虑独立董事薪酬差距时，发现只有在高于平均薪酬组时，激励效应才会显现，原因包括以下两个方面，一方面是通过给予独立董事充足的激励，可以促进独立董事合理制定经理人薪酬，从而有效提高经理人的薪酬业绩敏感性，可以约束经理人的行为和对其形成有效的激励机制；另一方面是给予独立董事充足的薪酬激励，不仅有助于提升独立董事的参会频率，还有助于独立董事对议案发表独立的意见，通过发表否定意见的方式来积极地履行监督职能[134]。李世刚等（2019）研究发现，基于锦标赛理论，独立董事内部薪酬差距可以对独立董事产生激励作用，独立董事出具异议意见的数量和概率明显上升[15]。但是部分学者认为高薪酬不但不能起到激励作用，反而会降低独立董事的履职独立性。张天舒等（2018）研究发现，独立董事薪酬过高和过低都不利于其职能有效发挥，当独立董事薪酬水平过低时，会引发独立董事对现有薪酬的不满足感，降低了独立董事参会意愿和监督作用；与此相仿，当独立董事薪酬水平过高时，此时会出现薪酬激励过度的情况，薪酬过高会降低独立董事的独立性，容易出现独立董事与经理人合谋的现象，独立董事对议案出具否定意见的概率更小，两种极端的情况下都会造成公司高管变更概率小、公司经营业绩敏感性下降和盈余质量偏低等不良情况[16]。刘汉民等（2020）根据独立董事薪酬的"激励假说"和"寻租假说"，结合独立董事激励过度与激励不足两种情况分析，发现激励过度显著提高了经理人获得的超额薪酬，激励过度会导致独立董事进行寻租，薪酬激励过度程度越高，经理人租金获取越多；激励不足显著降低了经理人获得的超额薪酬，薪酬激励不足有利于形成内在激励，提高独立董事的履职效率，减少经理人的超额寻租；最后发现，独立董事薪酬激励不足和激励过度均未能提升企业未来业绩[135]。朱杰（2020）研究发现，适度的货币薪酬激励是对独立董事专业能力、市场声誉以及履职风险的经济补偿，可以提升独立董事履职效率，识别和监督管理层的机会主义行为，减少上市公司信息披露违规行为的发生。但是当独立董事薪酬过高时可能会诱发其与管理层之间合谋，独立董事不能及时揭示和制止公司财务舞弊等违规行为，导致上市公司信息披露违规行为不断增多[17]。

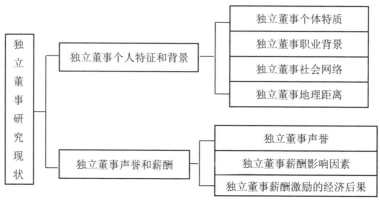

图 2-1　独立董事文献的梳理分类

三、文献评述

本节对独立董事相关文献进行了详细的梳理并划分两个视角，第一视角是基于独立董事背景和特征研究的视角，第二视角是通过独立董事声誉激励和薪酬激励两方面对公司内部治理行为的影响。综合上述研究，现有文献主要是通过独立董事个人特征、职业背景、社会网络以及地理距离等角度来研究独立董事治理作用。对独立董事薪酬激励的关注相对较少，现有少量研究主要是通过薪酬激励影响独立董事的监督和咨询职能，进而会对公司治理产生一系列的经济后果，具体包括对公司盈余质量、违规行为、经理人超额薪酬以及企业绩效等方面的影响。最后，现有文献将独立董事薪酬视为一整体进行考察，而未对独立董事薪酬水平和薪酬差距进行区分。基于期望学派现代激励理论，针对独立董事建立适当的薪酬激励与风险补偿机制，促使独立董事的利益与股东的利益保持一致，可以激发独立董事的履职意愿，有助于独立董事站在股东的角度为企业长期发展考虑，有助于增强独立董事对管理层的监督强度，有助于降低企业的代理成本。本章节通过详细梳理和分析与独立董事相关研究文献，发现相关研究有望在以下两个方面进一步研究。

第一，独立董事货币薪酬激励需要进一步细化。根据文献梳理可知，独立董事货币薪酬激励作为资本市场上十分重要的议题，但却经常被忽视。独立董事作为理性经济个体又往往需要报酬激励来强化其履责行动，但遗憾的是，现有文献对于独立董事薪酬激励尤其是内部薪酬差距和外部薪酬差距问题研究，数量非常有限，研究的视角也比较狭窄。在我国公司治理理论与实务界质疑独立董事作用的情况下，合理设计独立董事薪酬激励契约有助于提升独立董事独立性与监督能力，对独立董事履职的激励作用具有重要的现实意义。

第二，需要拓展独立董事薪酬激励的经济后果。根据文献总结可知，现有研究主要是对独立董事监督能力和异议行为、公司绩效和盈余质量以及上市公司违规行为的影响。薪酬激励可以更好地促使独立董事发挥资源效应、监督和咨询效应，独立董事提供更新颖、独特的决策建议，会显著影响企业的投融资决策，促使上市公司的管理层增加资本支出和风险投资，进一步拓展独立董事薪酬激励在资本市场的溢出效应，例如企业风险承担水平等。

第二节　企业风险承担水平研究现状

企业风险承担对整个社会经济可持续发展至关重要。从国家层面上来讲，较高水平的风险承担不仅有助于全要素生产率水平的提升，还有助于提升一国经济增长水平（John 等，2008）[3]。对企业来说，主动承担风险有利于企业资本积累，促进企业的研发投入，进而加速整个社会的技术进步。从这个角度来说，企业勇于承担风险是整个社会经济增长的根本源泉。学者已经分别基于宏观经济波动和微观企业特征等方面进行了具体研究，本书从外部环境、公司治理层面和管理者特质三方面进行系统性的综述，并且汇总了已有关于企业风险承担水平的经济后果的研究成果。

一、外部环境对企业风险承担水平影响效应分析

外部社会环境诸如制度约束、环境约束、资源约束以及文化约束是影响企业投资决策的重要因素，而风险承担水平则是企业投资决策中的一项关键要素，进而影响企业风险承担水平的因素众多。因此，鉴于目前学术研究成果，从制度环境、宏观经济政策和经济金融等其他外部环境三个视角进行综述已有研究。

（一）制度环境

经济学的相关理论在有效解释客观世界时占到80％比例，而传统文化、社会习俗、人际信任等非正式制度要占到20％的比例。文化、宗教等非正式制度会对企业风险承担产生重要的影响。学者在探析重商文化对企业风险承担水平的影响，发现区域商业文化浓郁地区的上市公司，具有更高的风险承担水平；进一步研究发现，重商文化作为一种非正式制度，与政府治理效应存在互补的作用（刘常建等，2019）[136]。从所有权性质来看，非国有公司中重商文化对公司风险承担的影响相对较强（苏坤，2017）[137]。宗教作为文化的重要组成部分，Hilary和Hui（2009）首次将宗教与风险规避的研究由个体拓展到组织层面，运用实证研究验证了宗教传统文化浓郁地区企业具有更强烈的风险厌恶倾向[138]。我国学者也发现了企业注册地周围的宗教文化越浓郁，企业整体投资水平越稳健，企业风险承担水平越低（王菁华等，2017；何鑫萍等，2017；叶德珠和胡梦珂，2017）[139-141]。进行异质性分析，市场化进程高和非国有企业中，宗教文化对企业风险承担水平影响较弱，同时，宗教文化会显著降低企业价值（何鑫萍等，2017）[140]。对于中小规模企业和所处法治化发展水平较低地区的企业，宗教传统文化抑制企业风险承担水平的影响更显著（叶德珠和胡梦珂，2017）[141]。申丹琳（2019）研究表明，地区社会信任有助于提高该地区企业的风险承担水平，主要是社会信任水平可以缓解经理人的职业忧虑，提高经理人的风险承担能力，增加企业的研发投入；其次是社会信任

可以增加企业的商业信用和银行债务，缓解企业面临的融资约束问题，进而提升企业风险承担水平[142]。杨瑞龙等（2017）研究发现，社会冲突对企业风险承担水平有抑制作用，但是良好的外部制度环境可以减弱两者之间的抑制作用，并且发现契约制度对于缓解社会冲突抑制企业风险承担水平的影响更显著，进一步发现，在民营企业中的缓解作用更显著[143]。

正式制度对企业风险承担产生的影响。良好的法律和制度能够带来更好的金融发展和经济增长（La Porta 等，1997；La Porta 等，1998）[144-145]。张惠琳和倪骁然（2017）研究发现，法治环境与金融发展较好地区的企业风险承担水平偏低，区分产权性质后，发现在国有企业样本中更为显著；进一步影响路径研究，两者都是通过影响企业债务融资结构影响企业风险承担[146]。对于商业银行来说，健全的法律制度环境会抑制其风险承担水平的提升（段军山和肖友生，2017）[147]。Boubakri 等（2013）研究发现，投资者保护环境越完善，外资股权所有者的风险承担水平越高[148]。有学者以EVA业绩评价制度为研究视角，在考虑其他因素影响后，发现在管理者权力较低、管理者薪酬激励强度较大以及管理者能力较高的企业中，EVA业绩评价制度的实施显著提升了央企风险承担水平，进而增加央企价值（何威风和刘巍，2017）[149]。

（二）宏观经济政策

货币政策是政府进行宏观调控的重要手段，通过金融体系影响实体企业部门的融资结构，由此，国家货币政策的变化定然会冲击企业的经营环境，进一步影响企业的风险承担水平（Ma和Lin，2016）[150]。从信贷渠道来看，首先，紧缩的货币政策会降低银行贷款供给，导致企业的融资约束增大，进而降低企业的风险承担水平；其次，紧缩的货币政策导致企业资产净值和抵押物价值下降，银行等金融机构对企业违约损失率的估计提高，加大对贷款项目的筛选力度，企业会采取更加稳健的投资战略，降低企业的风险承担意愿（Bernanke和Gertler，1995）[151]。张前程和龚刚（2016）研究发现，投资者情绪在货币政策对企业风险承担水平中存在部分中介效应[152]。货币政策适用于对整体经济的总量调节，对于不同产业的非对称效应影响很容易被忽视。李雪和冯政（2015）研究发现在低利率的货币政策环境（宽松的货币政策）下促进企业提高自身的风险承担水平；非国有企业、中小型企业与房地产企业在宽松的货币政策环境下企业风险承担的提高效应更为明显[153]。林朝颖等（2015）通过构建数理模型和实证检验后发现，宽松的货币政策会促进企业风险承担水平的提升，但是紧缩的政策会产生截然相反的效果，并且证明了小规模企业对货币政策的风险敏感性更强烈[154]。胡育蓉等（2014）研究结果显示，紧缩的货币政策会导致企业风险承担显著下降，包括紧缩数量型（提高存款准备金率）与价格型操作工具（一年期贷款基准利率）两者均会抑制企业风险承担水平[155]。

此外，部分学者从房地产市场和资本市场等角度，考察了货币政策对企业风险承担的影响。林朝颖等（2015）研究发现，中国房地产企业普遍存在过度投资行为，紧缩的货币政策能够通过增加企业债务融资难度、增加债务融资成本，进而抑制企业过度投资行为；宽松的货币政策能够通过拓宽企业融资来源，进而会促进企业过度投资行为发生；在经济衰退期，宽松的货币政策促进房地产企业的风险承担水平的提升效果更显著，在经济繁荣期，其影响效果不显著[156]。刘行等（2016）研究房产价格变动对企业风险承担水平的影响，研究结果显示，当房产价格上涨时，企业抵押资产的价值也随之上涨，企业就会进行更多的房地产投资，进而导致企业风险承担水平大幅降低[157]。Dell'ariccia等（2014）研究结果表明，当银行资本结构可以灵活调整时，宽松的货币政策可以提高银行风险承担水平和杠杆率；当银行资本结构比较固定时，对于资本充足率较高的银行，宽松的货币政策会增加其风险承担，对于杠杆率很高的银行，宽松的货币政策会降低其风险承担[158]。周彬蕊等（2017）的研究结果显示，宽松的货币政策会促进企业的风险承担水平，而金融市场发展越完善，企业融资渠道越丰富，弱化了企业对银行的依赖程度，导致宽松的货币政策对企业风险承担水平的影响越弱[159]。赵建春和许家云（2015）从汇率的角度考察货币政策工具对企业风险承担水平的影响，发现人民币升值会提高企业的风险承担水平[160]。

部分学者从产业政策和外部事件冲击等视角，考察了宏观经济政策对企业风险承担的影响。风险承担作为重要的企业决策行为，在实施过程中需要消耗大量的资源，在中国，政府发挥资源配置作用，采用产业政策将资源引向某些特定的产业（Chen 等，2017）[161]。张娆等（2019）研究发现，受产业政策支持的行业，政府补贴越多、贷款支持力度越大，企业的风险承担相对较高；对于无政治关联的民营企业和处于市场资源配置较低地区的企业，产业政策的影响力度更大，对企业风险承担水平的提升作用更加明显[162]。但是还有学者研究发现，并不是政府补贴越高越好，政府补助的力度不同，对企业风险承担水平的影响截然不同，只有适度的补贴强度能够有助于企业的风险承担水平的提升（毛其淋和许家云，2016）[163]。高翔和独旭（2017）的研究结果显示，对于出口企业而言，因为寻租以及错配等问题，政府补贴会抑制企业风险承担水平的提升，加强地方政府治理水平可以提升政府补贴的效率，有助于出口企业风险承担水平的提升[164]。"营改增"作为一项结构性减税政策，税收会影响企业的风险承担水平。栗晓云等（2019）研究发现，"营改增"政策的实施通过抵扣效应使得企业现金流充裕和缓解融资约束，进而在总体上显著提升了企业风险承担水平[165]。

（三）经济金融等其他外部环境

宏观经济环境不确定性与金融环境会影响到企业风险承担水平。有研究证明，当经济政策不确定性较强的时候，会严重影响企业的投资行为，企业明显会延迟和减少投资需求，即经济政策不确定性对企业投资水平有明显的抑制作用（Julio 和 Yook，2012；Gulen 和 Ion，2016）[166-167]。刘志远等（2017）基于"损失规避"和"机遇预期"权衡经济政策不确定性的两面性，研究发现，中国企业是"机遇预期效应"在发挥主导作用，经济政策不确定性仅提升了非国有企业风险承担，并且随着股权集中度提高，上述效应被显著削弱；但是在国有企业中控制了股权集中度变量之后，经济政策不确定性对国有企业风险承担的正向效应影响也凸显出来了[168]。而薛龙（2019）研究结果表明，经济政策不确定性抑制企业风险承担水平，并且在规模较小、成长性较差和投资机会较多的企业中更显著[169]。领导人的更替对于地区经济具有不可忽略的影响，钱先航和徐业坤（2014）以官员更替作为宏观政治环境，采用民营上市企业为样本进行研究，结果发现，与非更替年份相比较，企业风险承担在市委书记变更年份更大；同时，当新任书记是平调而来、新任官员的籍贯非本省和产权保护较差地区企业的风险承担水平更显著；此外，民营企业实际控制人的政治身份能够为企业提供信息和资源，进而能够显著弱化官员更替对民营上市企业风险承担水平的作用[170]。严楷等（2019）研究发现，银行业竞争程度显著提高了企业风险承担水平，对于国有企业主要是通过融资成本机制提高风险承担水平，而非国有企业主要通过融资约束机制，最终均会提升企业价值[171]。李媛媛等（2019）以制造业为例，运用面板 VAR 方法，发现金融生态环境对企业风险承担有抑制作用[172]。

二、公司治理层面对企业风险承担水平影响效应分析

在我国这样的新兴加转轨经济体中，越来越多的学者以代理理论为基础，逐渐开始从公司治理的视角来探究影响企业风险承担水平的因素。从公司治理层面研究脉络来看，主要从股权结构、外部监督机制、管理层激励机制和内部监督机制这四个方面进行汇总对企业风险承担水平微观影响因素。

（一）股权结构

股权结构和股权性质是影响企业风险承担的重要因素，我国学者根据中国情景加入了产权性质，对于国有企业而言，本身兼有社会责任，并不是完全以盈利为企业最大目标，从而导致企业整体的风险承担水平较低（李文贵和余明桂，2012）[10]。余明桂等（2013）研究结果显示，国有企业在经过民营化后，风险承担水平出现了明显的提高；对于产权制度较好的地区，风险承担水平提升的效果更加显著，但是在契约制度不同的地区，民营化后风险承担水平提升的效果没有明显的区别[11]。政治关联作为一种重要的外部制度环境，政府会向企业施加政策性负担，民营企业为了实现政治利益而导致投资决策行为的扭曲，不利于公司风险承担水平的提升，并且随着政治关联层级越高，企业风险承担水平越低（戴娟萍和郑贤龙，2015）[173]。Kostovetsky（2015）研究发现，当金融企业具有政治关联时，往往表现出更高的财务杠杆，企业的风险承担水平也越高[174]。苏坤

（2016）研究发现，较长的国有金字塔层级能够有效减轻政治干预程度，释放了国有企业经营活力，提高了企业自由决策权，有助于国有企业风险承担水平的提升；与此同时，相较于中央政府控制企业，低层级政府所控制的企业金字塔层级对其风险承担的促进作用相对更大。同时，还发现风险承担在国有金字塔层级和企业价值间发挥着中介作用[175]。

（二）外部监督机制

分析师关注度、审计师、机构投资者持股等公司治理的外部机制也会对企业风险承担起到良好的监督作用。媒体作为外部监督一个重要的环节，能在一定程度上发挥外部治理作用。李冬昕和宋乐（2016）研究发现，媒体治理效应越强，对管理层的监督作用越大，越能缓解其风险规避效应，进而促使企业承担更多风险较大的项目，此外，媒体监督对非国有和投资者保护好地区上市公司的风险承担影响更显著[176]。冀玛丽和杜晓荣（2017）基于机构投资者的"有效监督假说"，研究发现，机构投资者持股可以提升企业风险承担水平，且对于非国有、大机构投资者持股和压力抵制型机构投资者企业的提升效果更大[177]。还有学者研究发现，对于基金等机构投资者来说，他们更在意那些投资组合中占比最大的股权投资（Fich等，2015）[178]，组合中占比较大的股权投资更具有风险规避特征，于是监督型基金持股对企业风险承担水平有负向影响作用（李青原和刘习顺，2016）[179]。现有关于分析师对企业风险承担的影响研究，存在"治理假说"和"压力假说"两种截然不同的争论。杨道广等（2019）认为分析师跟踪主要发挥"治理假说"，有助于企业风险承担水平的提升，进而会增加企业价值。风险规避是国企高管不作为的主要表现之一，而国家审计作为党和国家监督体系的重要组成部分，是治理官员"庸懒怠"的重要机制[180]。王美英等（2019）研究发现，国家审计能够有助于监督国企高管履职行为，促进高管提升风险承担意愿；当国企是多个大股东并存时，国家审计促进企业风险承担水平提升的效果更好；考虑高管个人特质后，不论在董事长年龄大和年龄小，还是任期长和任期短的样本组中，国家审计对风险承担存在显著正向影响；当董事长是男性并且学历较高时，国家审计可以提升企业风险承担，但是管理层权力较大的样本中，会显著降低国家审计对企业风险承担的正向影响[181]。

（三）管理层激励机制

公司在提升自身风险承担水平过程中往往通过各种形式激励管理层来实现，其中薪酬、股权和晋升的激励起着关键性作用。张瑞君等（2013）研究结果表明，货币薪酬激励对管理层的风险承担水平有显著正向影响，在非国有企业以及公司成长性较好的公司中提升效果更明显；进一步研究发现，即高管薪酬激励通过提升企业风险承担水平进而促进企业绩效的提升[182]。李丽芳和蔡东侨（2015）研究发现，商业银行采用薪酬与业绩挂钩的激励制度可以增强银行管理层风险承担意愿，从而促进了银行的风险承担的提升[183]。

Kini和Williams（2012）研究发现，晋升激励对企业高管的风险承担意愿有显著促进作用，可以促进高管投资于更多的高风险项目[184]。我国学者发现晋升激励仅仅能够提高民营企业风险承担水平；无论在国有还是民营企业，股权激励和薪酬激励均不能提升企业风险承担水平；民营化后晋升激励有助于企业风险承担水平的提升，且央企地方国有企业风险承担水平提高的更显著（张洪辉和章琳一，2016）[185]。但张宏亮等（2017）以2009年和2014年两次"限薪令"为背景，研究结果显示，不论是薪酬激励还是晋升激励，都是激励国企高管主动承担风险的关键因素，并且两种激励措施之间存在相互替代的作用，即限薪前两种激励手段都能刺激国企高管承担风险，限薪后，晋升激励成为激励高管承担风险的关键手段[186]。朱晓琳和方拥军（2018）的研究结果显示，仅有在非国有企业中，CEO与非CEO、CEO间薪酬差距才能体现出正向激励作用，提升企业风险承担水平，而CEO权力抑制了CEO与非CEO、CEO间薪酬差距对企业风险承担水平正向影响的效果[187]。

大量学者就股权激励对企业风险承担水平进行了研究。股权激励可以促使高管增加对高风险高收项目的投资（Shivaram和Terry，2002）[188]，相对于没有实施股权激励的公司，实施股权激励公司投资增长更快（卢闯等，2015）[189]。吴建祥和李秉祥（2017）研究结果表明，当经理人具有较高的防御程度时，不利于企业风险承担水平的提升；当给予管理层股权激励时，可以激励管理层选择更多风险承担行为，进而提升公司风险承担水平[190]。

（四）内部监督机制

董事会和所有者作为关键的监督机制，董事会的独立性以及大股东的监督作用会对企业风险承担水平产生重要的影响。佟爱琴和李孟洁（2018）研究发现，纵向兼任高管的目的在于促使其更多地按照大股东意愿行事，强化大股东监督作用，弱化管理层短视的动机，从而提高企业的风险承担水平[191]。独立董事制度的发展也是为了提高董事会的独立性和有效性，抑制管理层为了获取私人收益而引发的短视行为，进而提高企业风险承担（郑志刚等，2017）[134]，即独立董事比例与企业风险承担水平之间存在显著正相关关系，且企业适当的承担风险不仅有利于企业长期发展，还有利于提高企业市场价值（郑晓倩，2015）[192]。当董事会规模过大时，为了综合考虑到所有董事的建议，往往最终整体决策结果会相对比较中庸，投资决策会比较稳健，相对来说企业风险承担水平较低（Wang，2012；Nakano 和 Nguyen，2012）[193-194]。马宁（2018）基于董事会的规模为前提，探究多元化战略对风险承担水平的影响，研究发现，多元化战略与企业风险承担水平二者之间存在双重门槛效应，当董事会规模小于7人，两者之间显著正相关；当董事会规模超过12人，多元化战略抑制企业风险承担水平[195]。胡国柳和胡珺（2017）基于企业风险承担水平为视角，研究企业引入董事会高管责任保险的目的，发现D&O保险主要发挥"激励效应"的作用，有助于提升企业风险承担水平，而D&O保险的"道德风险效应"的作用尚未得到验证[196]。文雯（2017）的实证结果显示，购买D&O保险有助于大幅度地提升企业风险承担水平，进一步研究证明，企业的创新能力在D&O保险和企业风险承担水平之间发挥着重要作用，即D&O保险是通过提高企业创新水平进而提升企业风险承担水平[197]。宋建波等（2018）研究发现，管理层权力越大越会抑制企业风险承担水平，当企业选择是聘请"四大"审计、分析师跟随人数多、机构投资者持股比例大和控制质量较好的情况下，良好的治理机制能够缓解管理层权力与企业风险承担之间的负向影响[198]。但是也有学者持有相反的态度，认为当管理层拥有绝对的自主决策权时，他们就越有能力和越容易进行更多的风险投资，进而企业风险承担水平会越高（张三保和张志学，2012）[199]。

三、管理者特质对企业风险承担影响效应分析

作为企业最终决策的制定者和执行者，管理层特征会影响企业战略决策和投资项目的选择。高层梯队理论和行为金融理论认为，由于企业内外部环境的复杂性，决策者不可能兼顾到所有方面，因此决策者是有限理性的。决策者既有的认知能力和价值观决定了他对现实情况的解释，最终落脚到决策者的战略策略选择上，其中包含对企业风险承担水平的选择。管理层的自身偏好主要受其心理结构和人口背景特征两方面影响，具体包括管理者性别、年龄、个人经历、过度自信、风险偏好等特质。于是，从管理层心理特质和管理层个人特征对企业风险承担水平研究成果进行综述。

（一）管理层心理特质

与传统决策理论不同的是，行为金融学认为管理层并非完全理性，行为金融学指出管理层的心理认知偏差会对其风险偏好产生影响（Kahneman和Tversky，1979）[200]。Hirshleifer等（2012）认为，过度自信的管理层会选择投资更多的创新项目[201]。余明桂等（2013）研究结果显示，管理者过度自信会显著提升企业风险承担水平，风险承担水平的提升对提高企业资本配置效率有明显的促进作用，还有利于企业价值的提升[202]。杨建君等（2012）研究表明，股东与经理人信任度越高，经理人的风险承担意愿越强[203]。吴建祥和李秉祥（2017）发现，经理人防御程度越高，越能抑制企业风险承担水平[190]。

（二）管理层个人特征

根据高层梯队理论，管理层的个体统计特征会对企业决策产生影响（Hambrick和Mason，1984）[204]。CEO任期越长，风险规避程度越低，企业风险承担水平越高（Chen和Zheng，2013）[205]。吕文栋等（2015）的研究结果显示，公司高管团队年龄与企业的风险承担呈现负相关关系；高管团队男性比例、学历程度以及团队规模与企业风险承担呈现显著正相关关系[206]。李彬等（2017）认为担任管理层的女性CEO更具有男性气质，其应

该具有较强的风险承担能力，研究结果显示，相较于CEO是男性的企业，女性CEO企业的风险承担水平更高，且在非国有企业中效果更加显著[207]。何威风等（2016）研究发现，能力越强的管理者，越有可能为了获取私人收益而回避风险投资，即管理者能力与企业风险承担两者之间存在显著负相关关系；以及管理者权力可以增强管理者能力抑制企业风险承担提升的作用[4]。宋建波等（2017）研究表明，具有海外经历的高管可以提升企业风险承担水平，随着海外高管人数占比越大，对提升企业风险承担水平的作用越显著[208]。当企业核心高管经过长期、严格的军事训练会后，他们在决策中更加激进，更加偏好风险管理决策，激进的投资战略会提升企业风险承担水平（叶建宏，2017）[209]。梁艳等（2016）以银行高管为主要研究对象，研究发现，银行高管的政治关联对银行风险承担有负面影响，银行高管的金融联结对银行风险承担也有显著负面影响，银行高管的非金融联结对银行风险承担负面影响最弱[210]。刘静等（2016）研究发现，对于家族创始人具有公共部门职业经历的企业，风险承担水平更高[211]。CEO丰富的职业经历可以提升企业风险承担，进一步可以提升企业的价值创造能力（何瑛等，2019）[212]。张敏等（2015）认为，董事长和总经理的社会网络有助于给企业提供在各个投资环节所需的重要资源，为风险投资给予充足的资源支持，从而提升了企业风险承担水平[213]。

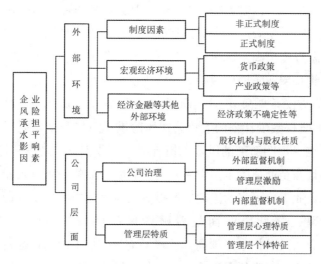

图2-2　企业风险承担水平影响因素的梳理分类

四、企业风险承担水平的经济后果

从上述文献回顾总结可以看出，学者大多集中在企业风险承担影响因素的研究，而对企业风险承担经济后果的研究数量和深度相对缺乏。从现有企业风险承担经济后果的研究来看，主要关注风险承担对创新绩效（刘华和杨汉明，2018）[214]、资本配置效率、资本结构、现金持有量、审计溢价（朱鹏飞等，2018）[215]、企业价值等几个方面。企业风险承担的动机在于提升其绩效和价值，风险承担水平在一定程度上反映企业的资本配置效率，通常情况下，风险承担水平较高则资产配置效率较高，保持竞争优势，从而有助于提升企业价值（Nguyen，2011；高磊和庞守林，2017）[216-217]。还有学者认为，适度的企业风险承担才能提升绩效。董保宝（2014）认为，通常情况下，风险承担水平有助于提升企业价值，但是过度规避风险和风险承担过高都容易导致企业绩效降低；当企业风险承担水平过低时，企业的创业能力和机会能力会下降；当企业风险承担过高时，企业现有资源可能不能及时满足风险决策所需要的资源，以及管理层的运营能力达不到要求的水平，导致企业经营混乱，进而会降低企业绩效，因此，企业风险承担和企业绩效之间存在倒"U"型关系[13]。周泽将等（2018）研究发现，企业风险承担水平与管理层薪酬两者之间存在正相关关系，即存在风险补偿效应；在更为有效的经理人市场环境中，或者管理层对风险的厌恶程度更高，这两种情况下具有更强的管理层薪酬风险补偿效应[218]。对于管理层实施股权激励后，管理层风险承担水平越高，在这种情况下，会降低权益融资比例，而增加企业债务融资比例（Dong等，2010）[8]。授予股权激励计划的上市公司风险承担对提升企业创新绩效存在显著正向影响，说明适度的风险承担有利于企业创新（刘华和杨汉明，2018）[214]。并且当企业风险承担水平越高，表明企业的创新投入和并购项目较多，那么企业需要更多的流动资产提供风险决策中所需要的资金，防止资金链断裂，降低企业面临着破产风险的概率（Liu和Mauer，2011）[219]。企业风险承担水平越高，反映了企业面临不确定程度高，审计师需要加大审计投入来降低审计风险，于是会导致审计收费的增加，即存在企业风险承担的审计溢价行为（Yang 等，2017；朱鹏飞等，2018）[220,215]。

五、文献评述

目前学者对于企业风险承担的概念定义尚未统一，但是学术界大多都是以投资决策的视角来界定企业风险承担（John 等，2008；Faccio 等，2014）[3,9]。风险承担有助于提高企业的资本配置效率，促进社会资本的积累和长期经济增长，现有文献主要从制度因素、经济政策、金融环境、公司治理、管理层特质等几个方面来研究企业风险承担的影响因素。从薪酬激励角度，现有文献主要是关注管理层薪酬激励对企业风险承担水平的影响，鲜有以独立董事这一特殊群体作为研究对象，分析独立董事薪酬激励对企业风险承担水平的影响。独立董事作为独立第三方，同时具备监督和咨询作用，能够较好地监督和引导管理层的投机行为，缓解企业风险承担不足的问题。综合考虑，我们有必要在已有研究的基础上，关注对独立董事进行薪酬激励如何影响企业风险承担水平，丰富独立董事与企业风险承担水平的研究成果。因此，本书研究独立董事薪酬激励对于企业风险承担水平的影响，是对现有文献的一个很必要的补充。

第三节　独立董事与企业风险承担水平

风险承担行为会消耗企业大量的资源和信息，而独立董事作为企业赖以生存发展的重要社会资源，对企业的经营的重要性不言而喻。此外，独立董事的职业经验、判断能力可以为企业提供一些独特、有价值的投资建议。郑晓倩（2015）检验结果表明，独立董事比例与风险承担水平显著正相关[192]。而Chen（2011）的研究结果指出，独立董事占比与企业风险承担不存在相关关系[221]。周泽将等（2018）的实证结果显示，独立董事政治关联可以促进企业风险承担，进而提升了企业的经营业绩[222]。吴超和施建军（2018）研究发现，独立董事网络可以帮助企业获得很多信息，能够帮助企业有效规避风险[223]。车菲等（2020）研究发现，聘请具有金融背景的独立董事可以为企业带来资源效应，有助于提升企业的风险承担水平，且在中西部地区的更为显著；对独立董事给予薪酬激励也可以提高企业的风险承担水平，且在东部地区更显著[224]。

本章小结

本章主要围绕独立董事个人特征、独立董事声誉和津贴、企业风险承担的影响因素和经济后果以及独立董事与企业风险承担的研究五个层次，对独立董事与企业风险承担水平的相关现有文献进行了系统性的回顾和总结。一方面有助于挖掘现有研究的不足，另一方面为后文的假设推导和逻辑分析提供有益参考。

第三章 理论基础与理论分析

本章节根据委托代理理论、独立董事效率理论、资源依赖理论、锦标赛理论、社会比较理论和高阶理论为理论背景，进一步据此分析独立董事薪酬激励对企业风险承担水平的影响机理，为后文的实证研究提供合乎逻辑的机理分析和理论依据。

第一节　理论基础

一、委托代理理论

1976年，Jensen和Meckling提出了代理理论，企业所有权和经营权的分离是产生代理问题的根本所在，代理理论是分析公司治理监督机制的重要理论基础[225]。所有者和经营者两者之间形成了委托—代理关系，其中，委托人是企业所有者，拥有对企业资产和现金的剩余索取权，代理人是企业聘请的专业管理人，直接负责企业的日常经营。代理人与委托人之间签订符合双方各自权利义务的协议，但是代理人与委托人之间的效益函数存在差异。对于所有者而言，企业利益最大化是他们追求的目标，从而实现企业价值最大化。对于经营者而言，更多的是考虑个人利益得失，两者都是以自我效用最大化为目标，于是两者之间出现严重的委托代理冲突，造成委托人的福利严重受损。委托人受自身知识、能力和精力的限制，只能掌握部分经营成果，代理人对企业内部经营状况和未来经验的判断具有信息上的优势，两者之间的信息不对称导致委托人无法完全观测到代理人的努力工作和付出程度。于是监督被认为是解决委托代理问题的重要途径，尽管委托人（所有者）可以对代理人（管理者）实施监督和约束，但是监督和约束存在成本。由委托代理关系主要引发两类代理问题：道德风险和逆向选择。代理冲突对企业风险承担水平的影响至少有以下三个因素：

首先，管理者的偷懒行为。甄别出高风险投资项目需要管理者消耗大量的时间和精力（张洪辉，2016；王菁华和茅宁，2015）[185,226]，由于信息不对称的存在，经营者的努力程度很难被衡量，所有者无法完全准确地掌握经营者的努力程度，可能诱发管理者的偷懒行为，长期投资项目周期长且风险大，于是偷懒行为助长经营者减少对长期项目的投入。

其次，经营者的机会主义行为。由于经营者的个人收益、个人声望和职位稳定与企业业绩密切相关。经营者基于个人收益最大化考虑，有动机选择短期内保守的盈利低的投资项目，也不愿意选择净现值为正，有利于企业增值但周期较长的长期投资项目，如削减企业研发投入等管理层短视行为。所有者与经营者间的代理问题使得企业的投融资决策偏离企业利益最大化的目标，造成委托人的福利受损，最终导致企业风险承担不足。

最后，委托代理理论假定代理人是风险规避的。基于博弈论分析，假定代理人的行事风格为风险规避，而委托人为风险中性。由于管理者的人力资本较高集中于其任职的企业，而所有者采用多元化的投资战略可以显著降低其投资风险，因此，管理者的资产分散程度显著低于股东，管理者的收入与企业绩效密切相关，高风险的投资项目会造成企业业绩波动，进而会影响管理者的收入稳定和职位安全，导致管理者在选取投资项目时往往会比股东保守。股东为了企业价值最大化往往表现为风险偏好或者风险中性，相反，管理者出于考虑自身职位安全和风险等因素，更偏向于规避风险，也就是"代理人风险规避"假说（Cole 等，2011）[227]。

二、独立董事效率理论

目前关于独立董事薪酬设计的理论中，包括 Linn 和 Park（2005）提出的"独立董事效率理论"[228]。该理论指出，合理设计独立董事薪酬政策的主要目的可以吸引那些边际生产率与公司投资机会相互作用产生最大收益，同时又能够显著降低代理成本的董事。因此，为了激励独立董事以股东的利益行事，公司对独立董事所采用的方法与激励 CEO 的方法类似，即独立董事的薪酬契约制定与经理人的最优契约理论的预期相一致（郑志刚等，2017）[134]。

有效的监督和管理需要时间和精力，独立董事通常是忙碌的，时间机会成本较高，参与董事会会议将消耗独立董事大量的时间与精力，因此，依据经济人假设，独立董事没有动机去维护所有股东利益，而如果独立董事无法从其履职中获得相应的经济利益，就很难有工作的积极性。基于人的行为规律，独立董事对工作的投入程度主要取决于获取的报酬和奖金，以及对可能受到惩罚的恐惧程度。因为经济人本质决定了独立董事在任职中如果没有得到理想中的薪酬，就会选择偷懒，而缺少履职的积极性。如果制度规定独立董事不仅不能获得薪资收入，一旦工作失误还要受到处罚，拒绝履职就成为独立董事的最优选择。如果制度安排独立董事虽然不获得薪资收入，但是可以免于工作失误的惩罚，那么制度对独立董事的约束便毫无意义。因此可能需要更高的金钱和非金钱回报，高薪酬也可以吸引高声誉和更有能力的独立董事，提升企业监督效果。独立董事则会从企业的长期利益出发，敦促企业管理层增加长期投资，防止管理层可能存在的短期化行为。

三、资源依赖理论

资源依赖理论强调组织对外界资源的依赖，任何组织的生存和发展都需依赖于充足的资源，这些资源大都存在于组织的外部环境中，因此组织的生存与发展需要与外部环境不断的交换资源。具体到企业层面，资金、人力资本、信息、政府支持、法规上的合法性等都属于企业需要的资源，管理者需要从企业所处的外部环境中获得这些资源，甚至某种资源会成为企业发展的关键资源。资源依赖理论强调企业自身取得所需资源的能力，其中的成败之举在于和资源的供给者维持良好的关系。董事会作为联结股东和经营者的中间纽带，可以将外部资源通过不同的方式带入到企业内部，尤其独立董事则可以直接为企业发展带来外部资源。这些资源可以降低组织对外部环境的依赖，减少组织面临的不确定性，可以有效的降低交易成本，从而提高企业的生存概率（Pfeffer和Salancik，1978）[229]。

首先，独立董事可以为企业带来专业知识。我国自从独立董事制度建设以来，证监会明文要求企业至少聘请一位有财务背景的独立董事，公司相应的也会聘请具有法律特长、专业技术等独立董事共同为企业提供专业知识的咨询服务。其次，聘请具有特殊背景的独立董事可以为企业带来某些独特的资源。例如，聘请官员独立董事可以优先获得信息，为企业争取到独特的投资项目。聘请银行独立董事则有利于企业贷款的审批，特别是民营企业将其作为打破投资壁垒的一种重要手段。然后，当下网络信息互通的时代，明星独立董事强有力的号召有利于提升企业的声誉，为企业带来优质的投资资源。最后，独立董事的私人关系为企业建立了社会网络，董事网络可以为企业提供相当丰富的资源，有利于促进企业之间的投资合作。由此可见，独立董事除了具备监督职能外也具有咨询功能。

同样，独立董事为其任职企业提供咨询服务，公司需要支付相应的报酬，上市公司依赖独立董事的监督作用，维护全体股东的利益，保证企业健康持久发展，薪酬就是上市公司为独立董事提供的资源。独立董事在受到物质利益激励的情况下，可以激发独立董事勤勉工作的意愿，薪酬可以激励独立董事发挥积极的监督作用，抑制管理层的机会主义行为，缓解企业风险承担不足。

四、锦标赛理论

美国学者 Lazear 和 Rosen（1981）提出的锦标赛理论，该理论的具体内容是，在锦标赛过程中设置相应的获胜奖金来激励参赛者参与竞争，参赛者有输和赢之分，任何参赛者都有可能获得奖励，目的在于拉大奖金的差距来激励参赛者更加努力赢得竞赛[230]。Rosen（1986）是基于相对表现的评估体系认为在组织内设置薪酬等级制度可以激励不同层级员工更加努力工作[231]，在企业内部设定各个等级的获奖薪酬，可以同时激励本层级的员工和低层级的员工为了取得获奖薪酬而积极参与竞赛（Lin 和 Rui，2009）[232]。这种按照边际产出的相对排序来设置员工薪酬，比以绝对薪酬为依据度量的准确度高，这种激励更加行之有效。锦标赛理论运用博弈论的思维诠释委托代理关系，薪酬差距现象可以降低监督成本，该理论主要是强调薪酬差距给员工带来的激励效应，当企业不同层级员工之间的薪酬差距越大时，这样可以提供更高的奖金给予获胜者，因此，员工参与竞赛的积极性越高。在这种竞赛机制下，对于参赛者的激励作用越强，越有助于提高劳动生产率（黎文靖和胡玉明，2012）[233]。

从独立董事晋升激励角度来看，独立董事与其他高管和员工不同，独立董事不具有业绩考核压力，也不具有职位高低，导致独立董事缺乏职位晋升激励。从独立董事薪酬构成来看，目前我国的股权激励制度不主张对独立董事进行股权激励，这就导致独立董事尚未形成有效的股权激励。因此，使得货币薪酬成为激励独立董事的主导因素（沈艺峰和陈旋，2016）[128]，独立董事薪酬差距作为一种重要的激励方式，可以有效的激发独立董事履职的积极性，薪酬差距可以作为有效履职获得的奖励。那么根据锦标赛理论，如果独立董事能够积极履职监督和咨询的职责，即积极出席董事会会议、向董事会议案发表否定意见以及对公司投资活动等重大事项发表意见（Adams 等，2005）[234]，独立董事可以获得更高的薪酬作为履职行为的奖励。

五、社会比较理论

社会比较理论认为个体自身存在一种驱动力倾向于与其他类似的对象进行比较，对自身能力和观点形成相对较为准确客观的评价，获得自我评价感受的过程，这个过程就形成了社会比较。社会比较根据所选参照点的不同，主要分为平行比较、上行比较、下行比较和建构性社会比较四种类型（朱苏丽，2007；黄辉，2012）[235-236]。平行比较是指与相似的他人（同岗、同级别、同资历或者同绩效的员工）进行比较，上行比较是指与比自己优秀的人（级别更高或者绩效更优的员工）进行比较，下行比较是指与不如自己优秀的人（级别低或者绩效差的员工）进行比较，建设性比较是在没有获知其他个体真实薪酬水平时，根据以往的薪酬信息或者制度来预估他人薪酬水平，然后与之比较。社会比较对个体的自我评价主要产生两种截然不同的效应，一种是比较效应，另一种是同化效应。所谓对比效应是指与上行比较时会不自觉地降低自我评价，而与下行比较时会主动提升自我评价；而同化效应反之（Collins 和 Rebecca，1996；邢淑芬和俞国良，2006）[237-238]。

从社会比较理论具体运用来看，企业员工通常会将自身薪酬与同一企业内部或同行业内其他企业中职务相同或者相似员工的薪酬进行比较，以此来判断自身薪酬水平的合理性，从而得到自我价值是否公允的评价。薪酬公平感是指员工将自身薪酬水平与同行进行比较的一种主观心理状态。当员工的薪酬水平高于同行标准时，就会处于一种"社会获益"状态，具有较高的薪酬"优越感"；反之，员工则处于"损失"状态，形成薪酬的"失衡感"，薪酬不公平感引发其负面情绪和不良行为的爆发。因此，为独立董事提供具有行业竞争力的薪酬水平，才能够吸引有才能和良好声誉的人士来担任本企业的独立董事，高的薪酬水平往往也可以激励独立董事努力工作。反之，如果无法为优秀的独立董事提供高于行业平均水平的薪酬待遇，多数独立董事可能会出现对管理层监督不力，以及未尽应有的咨询职能对企业投资战略提出有利的建议，从而导致管理层风险规避行为滋生，进而导致企业风险承担不足。

六、高阶理论

Hambrick 和 Mason（1984）作为高阶理论的开创者，首次将决策者的认知基础和价值观引入到企业战略决策的理论框架，与此同时，高阶理论也打破了原本的完全理性的假设，客观真实地诠释了在有限理性条件下高层管理者采取行动的途径[204]。高阶理论认为，诸如高管的认知能力、价值观念和风险偏好等异质性都会促使高管在组织战略选择中做出高度个性化的决策。同时，由于受到决策个体的年龄、性别、管理水平、教育和工作经历等特征的制约，再加上不可控的情感因素，公司战略决策会呈现多元化的特征。所以，高阶理论的贡献在于阐释了人为因素在组织管理中的重要作用，进一步提出了一套通过观察个人特征来研究人为因素影响的方法。

近年来，随着"海归潮"的到来，海归背景的高管对企业各方面的影响引起了实务界和学术界关注。独立董事的海外背景可以拓宽其国际视野，进而也增强了其人力资本价值。首先，海归独立董事积累了丰富的知识和掌握了先进的技术，"海归"具有技术外溢效应。拥有海外背景的独立董事可以将前沿的思维观念和先进的专业技能融入企业战略决策。其次，在海外期间需要不断克服文化差异的冲撞，抵抗各种压力和挑战，塑造了坚强的意志力，独立董事海外背景能够提升企业的风险承担能力。再次，海归独立董事受西方个人主义价值观影响，更加强调自由和竞争，属于风险偏好型决策者。最后，海归独立董事受本地牵制情况较小，受管理层的干预和威胁较小，对管理层的监督相对更为客观和公正。总而言之，在独立董事受到薪酬激励的前提下，具有海外背景的独立董事不仅具有强烈的意愿，更具有强大的能力发挥监督和咨询的治理作用。

第二节　独立董事薪酬激励影响
企业风险承担水平的理论分析

由于管理层天然的风险规避偏好，很可能导致企业错失抢占市场的机遇，进而导致企业无法进行转型升级。独立董事制度作为解决现在公司代理问题的一种有效机制，可以发挥积极的公司治理作用。上市公司聘请独立董事的职能主要包括两个方面：一是从监督的角度来看，基于股东利益的角度对管理层进行有效的监督，减少管理层的各种不道德行为，有助于抑制管理层侵占公司股东的利益的行为。其次是监督大股东，防范个别影响力较大的股东勾结管理者以掏空等模式侵犯中小股东的利益，进而可以提升董事会的监督决策能力；二是从咨询视角来看，独立董事利用社会网络资源，以及自己的专业特长，对公司的经营状况、财务运作以及创新研发等方面的战略活动提出相应的建议，帮助董事和管理者做出科学高效的决策，并参与到他们的决策过程中。现有研究以独立董事制度为开端，也不断拓展独立董事个人特征、职业背景以及地理距离等多方面对企业经济后果的研究，证明了独立董事对企业投资（陈运森和谢德仁，2011）[239]、融资（刘浩等，2012）[36]、R&D 产出（胡元木，2012）[31]等大型活动给予了帮扶之手。

实际上，独立董事货币薪酬激励作为资本市场上十分重要的议题，但却经常被忽视。独立董事制度制定的最初目的，就是解决现代企业两权分离状态下，经理人和股东之间的利益冲突问题。从理论角度而言，独立董事本质上是受股东的委托，与内部董事相较而言，独立董事与企业没有直接的利益往来关系，且独立董事的任职受到声誉机制的约束，因此，独立董事可以更有效的解决第一类代理问题，即独立董事可以更加有效的监督管理者的行为（John 和 Senbet，1998）[240]。作为股东的代理人，是否有动力监督管理者，而不是与管理者合谋来共同损害股东利益，即独立董事与股东之间产生了新的代理问题（Brick 等，2006）[241]。因此，应该重点探究如何激励独立董事，有效促进独立董事监督和咨询作用的发挥。根据以往的研究，建立适宜的薪酬补偿与激励机制，不仅能够降低独立董事的自利行为和缓解独立董事自身的代理问题，还能够激发独立董事履职意愿（Perry，2000）[242]。因此，合理制定独立董事的薪酬就成为了解决其与股东之间代理问题的关键之处。

从简单认为独立董事领取薪资会使其丧失独立性，到允许独立董事领取公司各种津贴和补助，再到允许独立董事因参加会议次数和任职不同允许多位独立董事薪酬之间存在差异。可以说，学界对独立董事薪酬的探索经历了一个漫长的认识过程（郑志刚等，2017）[134]。现有关薪酬激励计划研究主要包括薪酬水平和薪酬结构两个维度。由于人力资源理论的不断发展和完善，再加上现实社会中的收入分配差距不断的扩大，实务界和理论界已经逐渐开始重点关注薪酬结构，而不仅仅是薪酬水平。因此，本书从独立董事平均薪酬水平、独立董事内部薪酬差距与独立董事外部薪酬差距三方面来考虑薪酬激励的效果。

关于独立董事薪酬设计的"独立董事效率理论"，独立董事薪酬政策设计的主要目的是激励独立董事以股东的利益行事，进而公司可以产生最大收益，公司对独立董事所采用的方法与激励 CEO 的方法类似（Smith 和 Watts，1992；Gaver 和 Gaver，1995）[243-244]。首先，货币薪酬激励是独立董事发挥监督职能的动力。具体而言，基于独立董事的"公司治理假说"，来自独立董事的压力会迫使管理层放弃不符合企业长期发展和价值增值的行为，然而并非任由其享受"平静生活"。独立董事可以通过积极履行监督职责，减少管理层因职务安全和个人利益而规避的风险投资项目，缓解管理者短视程度，有助于促进公司创新水平的提升（Balsmeier 等，

2014）[245]，进而提升企业风险承担水平。其次，给予独立董事充足的薪酬提升激励强度，充分的激励可以激发独立董事的勤勉度，促进其积极履行自己的监督义务，积极参与董事会会议是独立董事履职的重要体现。一方面，独立董事积极参与董事会会议有助于提升董事会的治理效应，抑制经理人为了个人利益而放弃长期投资项目等，缓解经理人风险承担不足的倾向。另一方面，积极参与董事会会议有助于独立董事对企业战略投资的深入了解，对R&D等高风险项目给予投资建议，进而提高了企业风险承担水平。最后，独立董事大多数来自于本领域的专家，具有敏锐的创新思维和较高的声誉，并且独立董事丰富的资源不仅有助于企业缓解融资约束，还可以有助于其帮助企业对接到合适的外部资源，在公司投资战略中发挥着重要的决策咨询作用。因此，薪酬激励可以进一步促进独立董事勤勉工作，促进其客观公正地参与企业决策，进而有利于企业突破原始投资思路，为企业投资的战略、方向以及力度等具体实施方案提供有价值的咨询与建议。

由此可见，合理设计独立董事薪酬激励机制可以优化董事会的咨询与监督职能，进而提升独立董事个人履职成效，缓解了股东与管理层之间的代理冲突，降低了管理者短视程度，从而提升了企业风险承担水平。

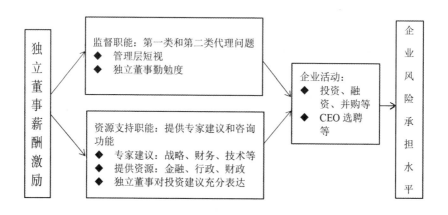

图3-1　独立董事薪酬激励与企业风险承担水平的影响路径
注：作者基于研究思路自行整理

本章小结

首先，本章阐述了关于独立董事薪酬激励与企业风险承担水平研究主题相关的理论基础，其次，结合上述的理论基础，分析独立董事薪酬激励对企业风险承担水平的影响机理，并梳理出来三条作用路径。从作用路径可知，独立董事薪酬激励主要通过以下三条路径影响企业风险承担水平：第一条路径，基于独立董事的"公司治理假说"，来自独立董事的压力会迫使管理层放弃不符合企业长期发展和价值增值的行为，降低管理短视程度，为企业长期发展考虑主动承担风险；第二条路径，激励独立董事勤勉地参加董事会会议，发挥监督职能，抑制经理人为了个人利益而放弃长期投资项目等，进而提高了风险承担水平；第三条路径，薪酬激励促进独立董事对投资意见的充分表达。总之，本章节一方面为后文的实证研究提供坚实的理论基础，另一方面为学术研究领域提供了关于独立董事薪酬与企业风险承担水平之间关系的理论参考。

第四章
独立董事薪酬水平对
企业风险承担水平的影响

随着资本市场的发展和成熟，独立董事制度是自发产生并演进的，是完善公司治理机制的重要一环。在现代企业两权分离的状况下，公司所有者无法对公司经营状况进行直接监督，最终导致了现代大多数企业面临严重的委托代理问题，不利于企业长期健康的发展。在这种所有权与经营权相互分离的状态下，以往的企业治理机制存在很大的问题，即仅仅靠股东、管理者和债权人三者很难完成公正的监督工作，为此美国公司制的实践者率先给出独立董事这个治理安排，试图缓解由企业内部代理问题引发的治理问题。随着独立董事制度的积极作用不断显现，大量的公司引入独立董事制度，独立董事制度成为缓解第一类代理问题的一种重要机制（Fama 和 Jensen，1983）[94]。独立董事作为股东的代理人，在减缓代理冲突、增加股东财富等方面发挥了关键性作用（胡建雄和殷钱茜，2019）[246]。我国上市公司一般聘任各大学知名教授、各行业知名专家担任独立董事，独立董事在企业中不仅可以获得相应的物质报酬，还可以获得声誉效应。独立董事为了维护现有的薪酬水平和保证自身的声誉影响力，他们会在董事会中保持较高的独立性，主要体现在对管理层的监督效率，以及在董事会中针对企业重大投资决策发表有价值的建议（吴洁，2010）[247]。

独立董事薪酬契约与其他管理者薪酬契约一样，对于独立董事一种重要的激励机制，对独立董事履职的积极性有重要的影响。但是在独立董事制度进入中国的初期，薪酬结构单一，并不能像一些成熟市场经济国家一样向独立董事提供股权激励计划，因此现金支付成为独立董事薪酬的主要方式。随着独立董事制度的逐步完善、独立董事激励需求的问题日益显现，随之独立董事薪酬结构的讨论也日益增多，目前独立董事薪酬主要包括年度基本报酬、董事会专门委员会会议津贴和董事会会议津贴三部分。根据 Wind 数据查询，2019 年末，A 股上市公司的独立董事人数大约有 1.2 万名，独立董事薪酬总额大约有 9.44 亿元，个人平均薪酬大约是 8.1 万元，其中 80% 的独立董事年薪在 10 万元以下，还有大约 200 名的独立董事的年薪低于 1 万元。根据经济学的基本逻辑，当劳动力市场处于均衡状态下，劳动者付出的辛苦与努力越多，劳动者理所应当获取的报酬越高。对于独立董事在不同公司任职时，不同公司支付其的劳务报酬不尽相同，那么不同水平的薪酬给独立董事带来的激励效果不同。因此，如果独立董事在其中一企业获得了较高的薪酬，他可能会付出更多的时间和充沛的精力投身于这家企业，反之，独立董事则可能出现工作懈怠等行为。独立董事作为独立的第三方，在公司治理中扮演着监督者和咨询者的身份，能够较好地监督和引导管理层使其减少投机行为，缓解企业风险承担不足的问题。谢雅璐（2016）和钟朋荣（2001）认为独立董事付出了人力资本，对企业具有重要的监督与咨询责任，因此，独立董事应当获取相应的、合理的报酬，才能保证其认真、独立和负责地参与公司重大决策[248-249]。如果某家公司没有支付独立董事合理的薪酬，薪酬不能完全符合独立董事所付出的成本，则企业很难吸引和招聘到优秀的独立董事。

基于此，本章以2009—2019年沪深两市A股上市公司为样本，考察独立董事薪酬水平对企业风险承担水平的影响，并且进一步区分薪酬水平高低来探讨激励效果的差异性。这不仅有助于更好地理解独立董事在公司治理中发挥的作用，而且也为公司制定独立董事薪酬契约提供了初步的经验。

第一节　理论分析与研究假设提出

企业风险承担属于企业财务行为（肖金利等，2017）[6]，作为一项重要的企业决策行为，管理者本应该接受所有净现值大于零的投资项目，以实现股东财富最大化的财务管理目标。然而，这种完美的市场是不存在的，由于所有权与经营权相分离，管理者的决策行为并非完全符合股东利益，因此，存在着道德风险与逆向选择，这也是造成企业非效率投资的主要原因（Jensen，1999）[250]，并且这种代理问题不利于公司价值最大化。公司股东与管理者两者对待风险的态度相差甚远，有关企业投资项目的选择，因为公司股权价值与投资风险具有较强的敏感性，于是股东更加偏好风险，更倾向于投资高风险项目。但是对于管理者而言，项目投资风险与其职业生涯发展和自身利害关系存在着较大的冲突。因为实施新项目投资不仅需要其人力资本的付出，也需要肩负更大的责任，随着投资项目风险的增加使得管理层的薪酬水平降低危机和职业忧虑逐渐上升（Chakraborty 等，2007）[251]。因此，基于自身职业发展和人力资本的考虑，管理者会更加偏向于低风险投资项目，表现出更低的风险承担能力（张洪辉，2016；朱晓琳和方拥军，2018）[83,187]。这种因管理者规避风险导致的企业风险承担不足被企业所有者视为有待解决的一个重要问题。实施高风险的投资项目有利于企业风险承担水平的提升，有助于提高企业未来业绩增长率和价值增值，是促进企业经济增长和发展壮大的关键。所以，改变管理者对风险决策的态度和提升管理者的风险承担能力，对提升企业风险承担水平来说至关重要（曾春华和李开庆，2019）[252]。

在现代企业制度下，根据代理理论（Jensen 和 Meckling，1976；Fama 和 Jensen，1983），完善董事会结构，提高治理效率，可以有效缓解代理问题[225,94]。董事会作为企业战略决策的最高机构，对于企业发展中制定重大的战略计划，乃至战略计划实施过程中发挥着不可或缺的作用。独立董事是董事会人员中的重要成员，加强独立董事的履职效率有助于完善董事会的治理功能，从而确保董事会在公司战略决策过程中客观性与有效性（马宁，2018）[195]。独立董事作为股东的代理人，主要职责之一是监督经理人，以股东价值最大化为目标，降低经理人的谋私行为，提高经理人对风险项目选择的可能性（Coles 等，2006；Kini 和 Williams，2012）[7,184]。延续传统经济学理论和代理理论，人力资本的报酬激励是保证其为公司付出劳动和贡献的根本。独立董事需要对公司决策的失误以及潜在的风险承担相应的责任，也需要相应的报酬来弥补其潜在的损失，因此，独立董事也需要相应的激励和约束机制。独立董事和上市公司不存在利益的关联，给予独立董事充足的薪酬激励，不仅可以敦促其更加独立和客观地监督管理层，还可以敦促其更加关注企业的长期利益，以防管理层因职位安全等因素导致的企业风险承担不足（章永奎等，2019）[61]。

具体到独立董事薪酬水平与企业风险承担水平关系上。第一，提高薪酬水平是激励独立董事发挥监督职能的动力。独立董事在上市公司中兼职，他们应该独立于所有者和经营者，主要代表着中小股东的利益，参与董事会会议和对公司战略决策给予建议，因此，他们更需要外界声誉机制和薪酬机制来激发其履职动力。提高独立董事薪酬水平可以激励其全心全意地为企业服务，提升独立董事履职的积极性，表现为更加勤勉地参加董事会会议，积极监督管理者减少其获取私利行为的发生（郑志刚等，2017）[134]，以及独立董事在董事会议案中发表个人建议或者对现有提议发表否定意见，进而提升董事会的有效性。如果独立董事现有的薪酬水平不足以激励其尽职尽责地努力工作，那么他们会出现偷懒或者懈怠行为。第二，提高薪酬水平是激励独立董事发挥咨询功能的源泉。独立董事与公司利益没有直接的关联，公司业绩的高低对他们也没有显著的影响，这就导致他们通常对工作缺乏热情和积极性。现有文献发现，由于内部董事的属性决定其对公司的日常运营模式相当熟悉，日复一日的经营模式已经深深刻入其大脑中，导致他们的决策无法脱离"路径依赖"，这种思维模式阻碍企业探索新的、独特的投资决策（章永奎等，2019）[61]。然而，公司聘请的外部独立董事与内部董事存在较大的差别，独立董事对本企业没有固化的思维，并且他们往往是本领域的专家，通常掌握着本领域的研究动向和学术前沿，因此，他们可能会有更加宽广的视野，更加新颖的投资方案和更加独特的建议。所谓新的独特投资决策建议，本质上就是一个探索和创新过程，往往风险也随之提高。如果提高独立董事的薪酬水平，他们会诊视高薪酬和来之不易的声誉，坚持在董事会中保持超然的独立性，全心全意地发挥其监督和咨询职能，为企业投资决策建言献策，避免企业出现"路径依赖"的情况，因此，独立董事监督能克服企业决策的短视问题（吴迪和张玉昌，2019）[253]。总而言之，充足的薪酬激励可以促使独立董事更好地履行职责，抑制管理层短视行为，促使上市公司资本支出和风险投资的增加，有助于保护和增加股东的利益，进而提升企业风险承担水平（车菲等，2020）[224]。鉴于此，我们提出如下假设：

假设4-1：独立董事薪酬水平激励可以提升企业风险承担水平，即独立董事薪酬水平与企业风险承担水平呈正相关关系。

中共中央办公厅于2008年12月转发了《中央人才工作协调小组关于实施海外高层次人才引进计划的意见》，标志着"海外高层次人才引进计划"正式启动（宋建波和文雯，2016）[254]。随着世界各地经济往来更加频繁，越来越多的具有海外背景的独立董事进入董事会，随之而来的就是海归独立董事在公司治理中的地位越发重要。独立董事借助自身海外背景，为企业获取和整理关键信息、整理核心资源提供了便利，以及为履行监督职责等公司治理方面提供了保障。首先，从独立董事咨询职能来看，一是"海归"技术外溢效果，即具有海外经历的独立董事能够结合先进的科学技术管理实践和国际管理知识经验，在企业投资等重大战略决策中提供更独特的建议。二是有海外背景的独立董事受到国外文化的熏陶，具有全球化的视野、国际化的资源，更具有创新思维。通过独立董事积极发挥监督与咨询职能，为企业创造良好的创新氛围，进而会提升企业的研发创新活动，有助于企业的长远发展（谢获宝等，2019）[24]；其次，从监督职能来看，一是有海外背景的独立董事维护社会认同和社会声誉的动机更大，因为无论独立董事曾经是在海外学习抑或是工作，他们所付出的时间成本、个人精力和金钱消耗都相对较高，所以在给予海外背景独立董事高薪的同时，社会和个人都对他们都有更严格的要求和更高的期待，于是潜在的声誉成本是激励独立董事认真工作的关键因素。二是具有海外背景的独立董事的"主观"监督能力较强，受本地牵制情况较小，脱离了本地的约束，受管理层的干预和威胁较小，因此独立董事的监督作用相对更为客观和公正。

基于治理意愿和治理能力共同影响独立董事的治理效应。提高独立董事薪酬水平给予独立董事更强的治理意愿，海外背景独立董事具有更强的治理能力。因此，相较于不具有海外背景的独立董事，具有海外背景独立董事的薪酬水平激励的作用更强，他们能够更加客观地对企业重要的决策事项发表独立意见，他们能够更好地抑制管理层短视行为，并且提出的投资决策更为风险偏好，进而提升企业风险承担水平。因此，本书基于上述分析提出以下假设：

假设4-2：与不具有海外背景独立董事企业相比，具有海外背景独立董事薪酬水平对企业风险承担水平的影响更强。

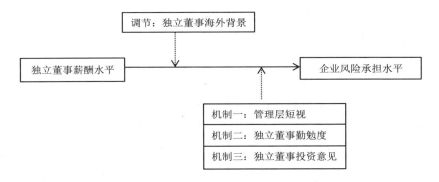

图4-1　独立董事薪酬水平作用机制研究框架

第二节　实证研究设计

一、样本选择与数据来源

本书选择2009—2019年沪深两市A股上市公司作为研究样本。由于被解释变量企业风险承担水平的计算需要3年或者5年的窗口数据，因此在计算企业风险承担水平时的实际数据采用为2005—2019年，其他变量按照2009—2019年选取。我们剔除金融保险类行业以及独立董事任期不足一年完整会计年度的样本，之后依次ST、*ST类以及相关指标缺失的企业。对于独立董事薪酬和独立董事背景数据的来源，首先，我们搜集CSMAR数据库中高管个人资料数据库，高管简历中主要包括证券代码、姓名、职位、薪资、学历及工作经历等重要信息，然后，根据职位手工筛选出来独立董事相关的所有数据，然后通过翻阅独立董事简历等背景资料，再根据新浪财经发布的相关新闻，以及结合百度百科等网站披露的相关资料，将独立董事海外背景数据补充完整。文中的其他财务数据也来源于CSMAR和WIND数据库，最后，对主要变量进行了1％和99％分位上的缩尾处理，得到13835个观测值的研究样本。本书主要的数据处理和统计分析是采用Stata15.0软件。

二、变量定义

（一）被解释变量

根据以往的参考文献，企业风险承担水平的测度方法主要有：盈余波动性、股票收益的波动性、研发支出、资本性支出、杠杆率等。不同的测度方法各有优缺点，总体而言，从盈余表现测度的风险承担水平最为准确和全面，因此，目前企业风险承担水平的最优衡量方式就是利用企业盈余的波动性。具体地，我们借鉴 John 等（2008）[3]、Boubakri 等（2013）[148]、李文贵和余桂明（2012）[10]、何威风（2016）[4]等人的研究，本书采用上市公司 3 年内总资产收益率（ROA）的滚动标准差作为企业风险承担水平的替代指标。借鉴他们的做法，采用息税折旧摊销前利润（EBITDA）与总资产（ASSETS）比值来衡量公司总资产收益率（ROA），也是企业的盈利能力。为了剔除行业等外界因素的影响，我们首先对企业每年的 ROA 进行行业均值调整，之后再根据 t-2、t-1、t 期三年计算经过调整后 ROA 的标准差，即企业风险承担水平（RTK），计算公式如下：

$$ADJ\_ROA_{i,n} = \frac{EBITDA_{i,n}}{ASSET_{i,n}} - \frac{1}{X_n}\sum_{k=1}^{X}\frac{EBITDA_{k,n}}{ASSET_{k,n}}$$

式（4-1）

$$RTK_{i,t} = \sqrt{\frac{1}{N-1}\sum_{n=1}^{N}\left(ADJ\_ROA_{i,n} - \frac{1}{N}\sum_{n=1}^{N}ADJ\_ROA_{i,n}\right)^2}$$

式（4-2）

其中，$RTK_{i,t}$ 表示企业风险承担水平，$ADJ\_ROA_{i,n}$ 表示经行业均值调整的总资产收益率。i 代表第 i 家企业；k 代表该行业中的第 k 家企业；X 表示观察期间某行业企业总家数；N 代表本书选择观察期间为三年；n 表示观察期间内的年份。式（4-1）是各个企业年度总资产收益率扣除该年份该行业的总资产收益率平均值得到的调整值，式（4-2）是计算企业风险承担水平（RTK），也就是企业在观测时间段内经行业调整的总资产收益率的标准差。

（二）解释变量

参考现有衡量独立董事薪酬水平的相关研究（Ye，2014；郑志刚等，2017）[255,134]，在采用公司层面数据进行检验时，将第 i 家公司第 t 年内聘任的所有独立董事的薪酬总额进行平均，然后取自然对数，即得到第 t 年度第 i 家公司的独立董事的平均薪酬（PAY）。按照独立董事的平均薪酬（PAY）是否高于其行业独立董事平均薪酬的中位数，将样本分为高平均薪酬组（Highpay）和低平均薪酬组（Lowpay）。

（三）调节变量

独立董事海外背景虚拟变量（Oversea）：独立董事海外经历是指曾经有过在海外留学和工作经历的独立董事。如果企业当年所有独立董事成员中至少有一个曾经有过海外学习或者工作经历的人员，则独立董事海外背景虚拟变量取值为1，否则为0。

（四）控制变量

参考企业风险承担水平现有研究，企业风险承担水平还可能受到其他一些因素的影响，在借鉴 Adams 等（2005）[234]、权小锋和吴世农（2010）[256]、宋建波等（2017）[208]等研究成果的基础上，再结合影响独立董事的一些因素，本书选取以下控制变量：

企业规模（Size）：余明桂等（2013）发现，大规模的企业规避风险，小规模的企业更偏好风险[11]。本书采用总资产取自然对数来衡量企业规模。

资产负债率（Lev）：公司的资产负债率是影响企业风险承担水平的关键因素之一。一方面，如果企业面临高额的负债，其债务融资成本将提升，企业面临的风险越大。另一方面，公司负债水平越高，其可能受到债权人的约束越多，债权人出于自身利益的考虑，会对公司冒险行为进行限制。本书采用总负债与总资产的比值来衡量企业的资产负债率。

上市年限（Age）：通常来说，上市公司成立的时间越久远，其自身越强大，其抗风险能力和意愿越强。本书采用上市总年数取自然对数衡量上市年限。

盈利能力（Roe）：当期公司业绩表现较差，企业越有动机去改善下一期的绩效，越有可能会选择高风险项目为了获得高收益；也有可能企业的盈利能力越强，企业的风险决策越谨慎。因此公司盈利能力会影响公司的风险承担水平。本书采用净资产收益率来衡量企业的盈利能力。

企业成长性（Growth）：通常研究认为企业在高成长阶段，越有动机寻求高风险投资项目来实现更多的发展机会。本书采用营业收入增长率来衡量公司的成长性。

有形资产比例（PPE）：表示固定资产比例，即采用固定资产净值与总资产比值来衡量有形资产比例（张敏等，2015；张洪辉和章琳一，2016）[213,185]。

两职合一（Dual）：在已有研究中发现，管理层权力会影响企业风险承担水平，如若总经理与董事长职务是由同一人兼任，会导致其权力过于集中。本书采用总经理是否兼任董事长职务来衡量是否两职合一，董事长与总经理两职合一为1，否则为0。

独立董事比例（Inder）：独立董事属于外部董事，与企业管理层没有直接的业务往来，独立董事可以更加客观地对管理层进行监督。董事会中独立董事人数较多，可以提升董事会的独立性，独立董事可以有效的监督企业日常经营，减少管理层短视行为，有助于企业风险承担水平的提升。本书采用独立董事总人数与董事会总人数比值来衡量独立董事比例。

董事会规模（Board）：董事会是企业战略计划的决策机构，董事会人数越多的话，越不容易出现个人主义，可以避免极端化的结果，企业风险承担水平越低（牛建波，2009；Nakano和Nguyen，2012）[257,194]。本书采用董事会总人数取自然对数衡量董事会规模。

股权集中度（Shr5）：当股权集中度较高时，大股东会尽量规避一些高风险的投资项目，避免人力资本和财富的损失，选择低风险项目来满足其自身收益（Cole等，2011）[227]。另一方面，股权集中度较高的企业可能会造成"一股独大"，引发所有者私有收益行为，可能提升企业的风险承担水平。本书计算出前五大股东持股与总股数之比作为衡量股权集中度的指标。

管理层持股比例（MH）：现有研究从代理理论角度阐述，对高管实施股权激励后，能够将高管与股东的利益趋于一致（Jensen 和 Meckling，1976）[225]，进而会影响企业风险承担水平。本书管理层持股比例采用董监高持股数量占总股数的比例来衡量。

资本性支出（Cap）：资本性支出水平较低的企业风险承担水平更高。本书采用购买固定资产、无形资产以及其他长期资产所支付现金总和的自然对数来衡量（何瑛等，2019）[212]。

此外，为了控制行业和年份差异对企业风险承担水平的影响，本书在回归检验部分控制了行业（Year）和年份（Ind）虚拟变量。其中，行业分类按照2012年证监会颁布的《上市公司行业分类指引》，在全样本中删除金融保险行业的样本，对于制造业样本选取行业大类的前两位进行编码，其他行业的样本按照行业门类进行编码。

（五）其他相关变量

分析师关注度（Analysis）：采用分析师预测跟随数量计量，即每年对公司盈余预测的分析师人数总和加1后取自然对数衡量。根据"年度—行业"中位数进行分组，高于中位数的样本定义为分析师关注度高组，Analysis取值为1，否则为0。

媒体关注度（Media）：媒体数据选取参考了李培功和沈艺峰（2010）[258]、周开国等（2014）[259]、邵志浩和才国伟（2020）[260]的做法，媒体数据主要来源于CNKI《中国重要报纸全文数据库》。具体来说：首先，采用"标题查询"以及"主题查询"，按照我国所有上市公司的名称为关键词进行检索。然后，将搜索得到的公司报道全部下载。最后，通过人工阅读法，剔除无关报道以及由于重大事件而导致报道频数异常多的样本。本书以全部报纸报道总数量加1取自然对数作为媒体关注度的替代变量。然后根据"年度—行业"中位数进行分组，高于中位数为媒体关注度高，Media取值为1，否则为0。

机构投资者关注度（INShr）：采用机构投资者持股比例来衡量，具体是利用机构投资者持股总数与总股数的比值。然后根据"年度—行业"中位数进行分组，高于中位数为机构投资者关注度高，INShr取值为1，否则为0。

上述主要变量的定义见表4-1：

表4-1 主要变量说明

变量性质	变量符号	变量名称	变量解释
被解释变量	RTK	企业风险承担水平	上市公司在（t-2、t-1、t）三年内经行业调整的ROA的标准差
解释变量	PAY	独立董事薪酬水平	独立董事平均薪酬取自然对数
调节变量	Oversea	独立董事海外背景虚拟变量	独立董事中至少有一个海外背景的取1，否则为0
控制变量	Size	企业规模	总资产取自然对数
	Lev	资产负债率	总负债与总资产的比值
	Age	上市年限	上市总年数取自然对数
	Roe	盈利能力	净资产收益率
	Growth	企业成长性	营业收入增长率
	PPE	有形资产比例	固定资产净值与总资产比值
	Dual	两职合一	董事长与总经理两职合一取1，否则为0
	Inder	独立董事比例	独立董事总人数与董事会总人数比值
	Board	董事会规模	董事会总人数取自然对数
	Shr5	股权集中度	前五大股东持股比例总和
	MH	管理层持股比例	董监高持股数量与总股数的比值
	Cap	资本性支出	购买固定资产、无形资产和其他长期资产所支付现金的自然对数
	Ind	行业虚拟变量	若上市公司属于行业i，则取值为1，否则为0
	Year	年份虚拟变量	若上市公司属于年份i，则取值为1，否则为0
其他变量	Analysis	分析师关注度	公司盈余预测的分析师人数总和加1取自然对数
	Media	媒体关注度	全部报纸报道总数量加1取自然对数
	INShr	机构投资者关注度	机构投资者持股总数与总股数的比值

注：后续表格中的变量符号与此表含义一致

三、模型定义

构建模型（4-1）对本章节提出的假设4-1进行检验：

$$RTK_{i,t} = \alpha_0 + \alpha_1 PAY_{i,t} + \alpha_2 Size_{i,t} + \alpha_3 Lev_{i,t} + \alpha_4 Age_{i,t} + \alpha_5 Roe_{i,t}$$
$$+ \alpha_6 Growth_{i,t} + \alpha_7 PPE_{i,t} + \alpha_8 Dual_{i,t} + \alpha_9 Inder_{i,t} + \alpha_{10} Board_{i,t}$$
$$+ \alpha_{11} Shr5_{i,t} + \alpha_{12} MH_{i,t} + \alpha_{13} Cap_{i,t} + \sum Year + \sum Ind + \varepsilon_{i,t}$$

（模型4-1）

模型（4-1）中解释变量独立董事薪酬水平（PAY）指标衡量。若本书提出的假设4-1成立，PAY的回归系数α_1应该显著为正。

第三节　实证结果

一、描述性统计

（一）分行业样本公司独立董事薪酬水平概况

表4-2是2009—2019年各行业样本公司独立董事薪酬水平描述性统计。以中国证券监督管理委员会2012年发布的上市公司行业分类标准为依据，统计出不同行业门类中独立董事薪酬水平的均值、最大最小值、样本统计量等进行分析与比较。因为本书已剔除金融业上市公司，所以表4-2不包含金融业独立董事薪酬水平。图4-2是2009—2019年各行业样本公司独立董事薪酬水平的均值（单位为元），图4-3是2009—2019年各行业样本公司独立董事薪酬水平的最大值。从表4-2和图4-2分行业的独立董事薪酬水平均值来看，不同行业之间的薪酬水平存在较大差异。其中，房地产行业（K）和租赁、商务服务业（L）上市公司的独立董事薪酬水平高于各行业的平均薪酬水平。农、林、牧及渔业的独立董事薪酬水平均值最低。

表4-2 2009—2019年各行业样本公司独立董事薪酬水平描述性统计

variable	mean	sd	min	p50	max	N
industry=A	农、林、牧及渔业					
薪酬均值（元）	52178	22637	9683	50000	160000	216
industry=B	采矿业					
薪酬均值（元）	83852	61537	4750	70000	400000	353
industry=C1	食品、烟草、纺织及皮革等					
薪酬均值（元）	60202	30136	16375	53367	200000	976
industry=C2	木材、石油、化学及医药等					
薪酬均值（元）	60152	30901	3750	54000	388000	2583
industry=C3	金属、汽车及计算机通信等					
薪酬均值（元）	65191	35678	2000	60000	450000	4942
industry= C4	仪器、金属制品及设备修理业等					
薪酬均值（元）	54826	23933	15000	50000	143000	190
industry= D	电力、热力、燃气及水生产供应业					
薪酬均值（元）	62455	34479	11229	56000	300000	519
industry= E	建筑业					
薪酬均值（元）	71606	30539	15633	66667	166000	341
industry= F	批发和零售业					
薪酬均值（元）	66148	28220	8333	60000	200000	748
industry= G	交通运输、仓储和邮政业					
薪酬均值（元）	71499	45384	11000	60000	481000	473
industry= H	住宿和餐饮业					
薪酬均值（元）	54927	24587	6000	50000	137000	81
industry= I	信息传输、软件和信息技术服务业					
薪酬均值（元）	68463	35251	6060	60000	300000	845
industry= K	房地产业					
薪酬均值（元）	86151	53784	483.3	78333	600000	791

续表

variable	mean	sd	min	p50	max	N
industry= L	租赁和商务服务业					
薪酬均值（元）	88865	115000	16250	64800	850000	181
industry= M	科学研究和技术服务业					
薪酬均值（元）	55191	25159	4.800	50000	131000	81
industry= N	水利、环境和公共设施管理业					
薪酬均值（元）	64442	30233	15000	59750	150000	176
industry= O	居民服务、修理和其他服务业					
薪酬均值（元）	53214	25838	10714	60000	100000	8
industry= P	教育					
薪酬均值（元）	75594	30448	35000	79333	151000	13
industry= Q	卫生和社会工作					
薪酬均值（元）	76867	34748	16667	70000	150000	38
industry= R	文化、体育和娱乐业					
薪酬均值（元）	65273	29650	2750	60000	180000	161
industry=S	综合					
薪酬均值（元）	70994	37203	10000	60000	183000	119

资料来源：作者计算整理

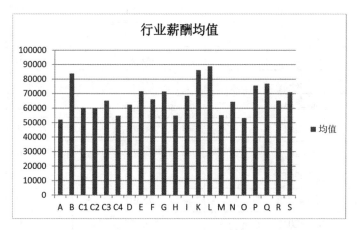

图4-2　各行业样本公司独立董事薪酬水平均值（单位：元）

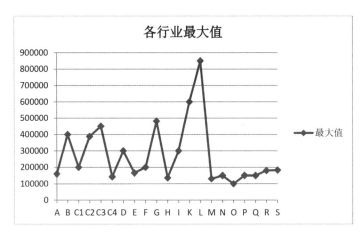

图4-3　各行业样本公司独立董事薪酬最大值（单位：元）

（二）　分年度样本公司独立董事薪酬水平概况

表4-3是2009—2019年各年度样本公司独立董事薪酬水平均值的统计结果（单位为元），图4-4和图4-5为2009—2019年独立董事薪酬平均水平逐年变化趋势图。可以看到，独立董事薪酬水平均值呈现逐年递增的趋势。人均水平从2009年的50266元上升到2019年的76157元，增幅达到51.51％。

表4-3　2009—2019年各年度样本公司独立董事薪酬水平均值描述性统计

variable	mean	N
Year=2009	50266	656
Year=2010	55101	643
Year=2011	56426	731
Year=2012	60310	819
Year=2013	60115	1006
Year=2014	57526	1272
Year=2015	60561	1496
Year=2016	64307	1642
Year=2017	71135	1680
Year=2018	75397	1874
Year=2019	76157	2016

图4-4　各年度样本公司独立董事薪酬水平均值（单位：元）

图4-5　各年度样本公司独立董事薪酬水平均值（单位：元）

（三）样本企业主要研究变量的概况

表4-4是对企业主要研究变量的描述性统计。结果显示，样本企业风险承担水平均值为0.043，最大值为0.365，最小值为0.002，可以看出最大值和最小值之间存在较为明显的差距，说明样本公司间的风险承担水平在观测期间的波动性较大，具有较高的区分度，这也为接下来的研究提供了一定的可行性。独立董事薪酬水平均值为10.971，最小值为9.704，最大值

为12.206，说明我国上市公司独立董事薪酬之间存在较大的差距。具有海外背景独立董事的企业均值为0.329，据统计大约有4549家企业，占据全部样本的比重大约33％，这说上市公司逐渐重视在董事会增加具有海外背景的独立董事。在控制变量方面，企业规模（Size）的均值为22.336，最大值为26.147，最小值为19.828，说明样本企业间的规模还存在差距，但是大部分都已经初具规模；企业资产负债率（Lev）的均值为0.453，可以表明目前我国资产负债率水平适中，最大值为0.881，最小值为0.061，较大的差距说明不同样本公司之间的负债水平存在较大的差异；企业上市年限（Age）均值2.037，最大值为3.219，最小值为1.099，可见样本企业已经初具规模，多数处于成长期和成熟期；企业盈利能力（Roe）的最大值为0.336，最小值为-0.810，表明不同样本公司的盈利能力相差甚远，但是总体平均水平为0.054，整体上来看企业保持一定的盈利能力；企业营业务收入增长率（Growth）均值0.200，最大值为3.931，最小值为-0.562，可见受到行业、地区等不同因素的影响，企业的成长性表现出差异，但总体上说明我国大多数上市公司的主营业务能力较强，具有较强的盈利能力；企业有形资产比例（PPE）均值0.226，最大值为0.716，最小值为0.002，说明不同行业企业之间有形资产比重差别较大；从两职合一（Dual）的均值可以看出，在全样本中大约存在23.8％公司里面是两职合一；独立董事比例（Inder）的最大值为0.875，最小值为0.300，均值为0.448，相对来说董事会具有一定的独立性；董事会规模（Board）的均值为2.147；前五大股东持股比例（Shr5）最大值86.515，最小值18.926％，反映出样本企业间前五大股东持股差异较大，且个别企业仍然存在股权集中较为严重的情况，平均来看前五大股东持股比例达到50.805％；管理层持股比例（MH）的最大值为0.877，最小值为0，同样表现出明显差异；资本性支出（Cap）的均值为18.628。

表4-4　主要变量的描述性统计

variable	mean	sd	min	p50	max	N
RTK	0.043	0.054	0.002	0.025	0.365	13835
PAY	10.971	0.481	9.704	11.002	12.206	13835

续表

variable	mean	sd	min	p50	max	N
Oversea	0.329	0.470	0.000	0.000	1.000	13835
Size	22.336	1.247	19.828	22.183	26.147	13835
Lev	0.453	0.201	0.061	0.450	0.881	13835
Age	2.307	0.570	1.099	2.303	3.219	13835
Roe	0.054	0.139	−0.810	0.063	0.336	13835
Growth	0.200	0.541	−0.562	0.104	3.931	13835
PPE	0.226	0.169	0.002	0.193	0.716	13835
Dual	0.238	0.426	0.000	0.000	1.000	13835
Inder	0.448	0.133	0.300	0.429	0.875	13835
Board	2.147	0.202	1.609	2.197	2.708	13835
Shr5	50.804	14.824	18.926	50.542	86.515	13835
MH	0.138	0.235	0.000	0.002	0.877	13835
Cap	18.628	1.842	13.414	18.686	23.237	13835

资料来源：作者计算整理

二、相关性分析

下表4-5报告了主要变量的皮尔森（Pearson）检验系数。相关性分析是为了检验各变量之间是否存在严重的共线性问题，严重的共线性问题会导致变量的显著性检验失去意义，从而导致重要的解释变量可能被剔除掉，模型拟合失败。结果表明，独立董事薪酬水平（PAY）与企业风险承担水平（RTK）正相关，初步显示独立董事薪酬水平可以提升企业风险承担水平，但是简单的相关系数并不能完全说明二者之间的关系。在控制其他因素后，二者相关性需要进一步线性回归检验。控制变量Size、Age、Roe、Board、Shr5、Cap与RTK显著为负相关，表明样本企业规模越小、上市年龄越小、盈利能力越低、董事会规模越小、股权集中度越低以及资本性支出越低，企业的风险承担水平越高；Growth、Dual、Inder与RTK显著正相关，表明企业成长越好、两职合一以及独立董事比例越高，则企业风险承担水平越高。此外，除了 Cap 和 Size 之间的相关系数为 0.682，其他变量之间的相关系数未超过 0.4，这表明本章的研究不存在严重的多重共线性问题。

三、多元回归分析

表 4-6 报告了基于模型（4-1）的回归结果。首先基于全样本报告了独立董事薪酬水平对企业风险承担水平的影响。为了进一步检验独立董事薪酬水平高低对独立董事激励是否存在差异，把样本按照独立董事的平均薪酬（PAY）是否高于其年度行业中位数（medmeanpay），区分为高平均薪酬组（Highmeanpay）和低平均薪酬组（Lowmeanpay）。其中，第（1）列是基于全样本公司，独立董事薪酬水平（PAY）对企业风险承担水平（RTK）的影响。第（2）和第（3）列则进一步分别报告了把高平均薪酬组（Highmeanpay）和低平均薪酬组（Lowmeanpay）与企业风险承担（RTK）的关系。第（1）列独立董事薪酬水平与企业风险承担水平在 1％ 的水平上显著正相关，说明独立董事薪酬激励可以提高企业风险承担水平；第（2）列独立董事高平均薪酬组（Highmeanpay）与企业风险承担水平在 1％ 的水平上显著正相关；第（3）列独立董事低平均薪酬组（Lowmeanpay）与企业风险承担水平的回归系数为负，即低薪酬组的独立董事薪酬水平与企业风险承担不存在显著线性相关关系。从回归结果可以看出，初步揭示了不同水平的独立董事薪酬的激励效果存在一定的差距。因此，对于独立董事这一注重外部市场声誉的社精英群体，只有在给予充分的激励时，独立董事薪酬才会发挥预期的激励作用。所以，科学合理的薪酬制度能有效改善独立董事薪酬激励的现状，通过提高独立董事薪酬的平均水平，在中国上市公司中形成具有竞争性的薪酬体系。假设 4-1 得到经验证据的支持。

表4-5　相关性分析

	RTK	PAY	Size	Lev	Age	Roe	Growth	PPE	Dual	Inder	Board	Shr5	MH	Cap
PTK	1													
PAY	0.074***	1												
Size	-0.200***	0.364***	1											
Lev	-0.012	0.073***	0.461***	1										
Age	-0.026***	0.109***	0.286***	0.283***	1									
Roe	-0.273***	0.065***	0.141***	-0.138***	0.014*	1								
Growth	0.027***	-0.022**	0.052***	0.044***	-0.0130	0.187***	1							
PPE	0.006	-0.142***	0.045***	0.059***	0.043***	-0.070***	-0.083***	1						
Dual	0.025***	0.003	-0.126***	-0.101***	-0.171***	-0.027***	0.014	-0.103***	1					
Inder	0.025	-0.377***	-0.041***	-0.030***	-0.064***	-0.036***	0.028***	-0.051***	0.084***	1				
Board	-0.051***	0.039***	0.247***	0.150***	0.126***	0.068***	-0.016*	0.164***	-0.197***	-0.307***	1			
Shr5	-0.061***	0.099***	0.281***	0.038***	-0.111***	0.152***	0.080***	0.077***	-0.043***	0.005	0.073***	1		
MH	0.008	-0.017***	-0.218***	-0.267***	-0.503***	-0.004	0.032***	-0.162***	0.334***	0.088***	-0.198***	0.022**	1	
Cap	-0.165***	0.214***	0.682***	0.240***	0.057***	0.155***	0.019	0.320***	-0.084***	-0.062***	0.238***	0.211***	-0.095***	1

注：*、**、***分别代表在10%、5%、1%水平上显著，检验方式为Pearson检验

控制变量的回归结果也基本符合预期：企业规模（Size）的回归系数显著为负，表明小企业较大企业具有更强的风险偏好；公司上市年限（Age）的回归系数显著为正，可以说明公司成立的时间越长，其抗风险能力就越强，风险承担水平越高。盈利能力（Roe）的估计系数显著为负，可以表明当企业盈利能力越好，其更不愿意承担风险；企业成长性（Growth）的估计系数显著为正，说明当企业处于成长期，成长和发展的能力较强，企业风险承担水平越高；独立董事比例（Inder）的估计系数显著为正，说明独立董事比例越高，对抑制管理层短视的作用越大；股权集中度（Shr5）的回归系数显著为正，表示前五大股东持股比例越高，企业风险承担水平相对来说较高；资本性支出（Cap）的回归系数为负显著，表明资本性支出水平越高的企业风险承担水平越低。

表4-6 独立董事薪酬水平对企业风险承担水平的影响

variable	(1)	(2)	(3)
	RTK	PAY>=medmeanpay	PAY<medmeanpay
PAY	0.0061***	0.0132***	−0.0002
	(5.28)	(6.68)	(−0.09)
Size	−0.0052***	−0.0046***	−0.0068***
	(−6.82)	(−4.78)	(−5.56)
Lev	0.0044	0.0018	0.0078
	(1.29)	(0.39)	(1.52)
Age	0.0082***	0.0069***	0.0090***
	(8.99)	(5.95)	(6.26)
Roe	−0.1018***	−0.1068***	−0.0949***
	(−15.42)	(−12.07)	(−9.77)
Growth	0.0083***	0.0075***	0.0091***
	(6.77)	(4.50)	(5.18)
PPE	−0.0004	0.0010	−0.0017
	(−0.12)	(0.20)	(−0.35)

续表

variable	(1) RTK	(2) PAY>=medmeanpay	(3) PAY<medmeanpay
Dual	0.0012	0.0019	−0.0002
	(1.08)	(1.34)	(−0.13)
Inder	0.0120***	0.0242***	0.0022
	(3.18)	(3.66)	(0.44)
Board	−0.0023	0.0001	−0.0027
	(−0.96)	(0.02)	(−0.72)
Shr5	0.0001***	0.0001***	0.0002***
	(4.74)	(2.65)	(3.96)
MH	0.0003	0.0036	−0.0028
	(−4.04)	(−2.84)	(−2.78)
Year	Yes	Yes	Yes
Ind	Yes	Yes	Yes
_cons	0.1339***	0.0285	0.2454***
	(8.45)	(1.23)	(7.29)
N	13835	7643	6192
R^2	0.1893	0.1947	0.1943

注：*、**、***分别对应10％、5％、1％的显著性水平，括号内为稳健性调整的T值，下同

为了进一步考察独立董事海外背景（Oversea）对独立董事薪酬水平与企业风险承担水平两者之间关系的影响，采用独立董事是否有海外背景分组回归进行实证检验，回归结果列示于表4-7。列（1）是具有海外背景独立董事组的回归结果，可以看出，独立董事薪酬水平与企业风险承担水平的回归系数为0.0067；列（2）是不具有海外背景独立董事组的回归结果，可以看出，独立董事薪酬水平与企业风险承担水平的回归系数为0.0035，具有海外背景独立董事组的系数明显较高，表明独立董事的海外背景对独立董事薪酬水平与企业风险承担水平两者之间有明显的促进作用。假设4-2得到经验证据的支持。

表4-7　独立董事是否有海外背景分组回归结果

	(1)	(2)
	Oversea=1	Oversea=0
variable	*RTK*	*RTK*
PAY	0.0067***	0.0035
	(4.71)	(1.64)
Size	−0.0069***	−0.0025**
	(−7.26)	(−1.97)
Lev	0.0074*	−0.0004
	(1.78)	(−0.08)
Age	0.0092***	0.0061***
	(8.40)	(3.68)
Roe	−0.1060***	−0.0876***
	(−13.27)	(−7.56)
Growth	0.0084***	0.0085***
	(5.60)	(3.95)
PPE	−0.0058	0.0081
	(−1.43)	(1.28)
Dual	0.0013	0.0011
	(0.97)	(0.60)
Inder	0.0125***	0.0086
	(2.62)	(1.34)
Board	−0.0025	−0.0024
	(−0.87)	(−0.55)
Shr5	0.0001***	0.0002***
	(2.85)	(3.52)
MH	0.0018	−0.0027
	(0.69)	(−0.69)

	(1)	(2)
	Oversea=1	Oversea=0
variable	*RTK*	*RTK*
Cap	−0.0013**	−0.0029***
	(−2.40)	(−3.63)
Year	Yes	Yes
Ind	Yes	Yes
_cons	0.1578***	0.1211***
	(7.73)	(4.53)
N	4549	9286
*R*²	0.2028	0.1785

四、内生性和稳健性检验

(一) 内生性检验

内生性处理采用工具变量法。为了更好地识别独立董事薪酬水平激励与公司风险承担水平之间的因果关系，我们寻找工具变量。中国很多独立董事来自于当地企业商人或者当地商学院教授，因此，上市公司应该为独立董事提供与当地高管平均薪酬相当的薪酬水平（Ye，2014）[255]。本地区高管平均薪酬与本企业风险承担水平无关，与本企业独立董事薪酬水平有关，因此，将本地管理层平均薪酬水平，即上市公司所在省份高管的平均薪酬代替独立董事平均薪酬。在全样本中，本书采用除该公司外同省份同年同行业其他公司支付给高管平均薪酬（PAYIV）作为该公司独立董事平均薪酬（PAY）的工具变量；在高平均薪酬组，采用除该公司外同省份同年同行业其他公司支付给高管平均薪酬（HighIV）作为该公司独立董事平均薪酬（PAY）的工具变量；在低平均薪酬组，采用除该公司外同省份同年同行业其他公司支付给高管平均薪酬（LowIV）作为该公司独立董事平均薪酬（PAY）的工具变量，并都使用两阶段最小二乘法（2SLS）重新估计模型（4-1）。

　　表4-8列示了模型（4-1）的两阶段2SLS回归结果。列（1）—（2）是全样本回归结果，在第一阶段，PAY和PAYIV在1％水平上显著正相关，在第二阶段，经过工具化处理之后，将独立董事薪酬水平的工具变量（PAYIV）与企业风险承担水平回归，回归结果与原回归结果基本一致；列（3）—（4）是高平均薪酬组回归结果，在第一阶段，Highmeanpay和HighIV在1％水平上显著正相关，在第二阶段，经过工具化处理之后，将独立董事薪酬水平的工具变量（HighIV）与企业风险承担水平在1％水平上显著正相关；列（5）—（6）是低平均薪酬组回归结果，在第一阶段，Lowmeanpay和LowIV在1％水平上显著正相关，在第二阶段，经过工具化处理之后，将独立董事薪酬水平的工具变量（LowIV）与企业风险承担水平的回归系数为负，但不显著。此外，在各组回归中的弱工具变量检验F值都大于10，表明PAYIV、HighIV和LowIV都不是弱工具变量，可以满足需要的外生性条件，总体来说，本章节主假设的实证结果具有一定的稳健性。

表4-8　采用工具变量的内生性检验回归结果

	(1)	(2)	(3)	(4)	(5)	(6)
	全样本		高平均薪酬组		低平均薪酬组	
	Stage1	Stage2	Stage1	Stage2	Stage1	Stage2
variable	*PAY*	*RTK*	*Highmean - pay*	*RTK*	*Lowmean - pay*	*RTK*
PAYIV	0.2512***	0.0039**				
	(25.63)	(2.55)				
HighIV			0.1284***	0.0057***		
			(14.53)	(3.33)		
LowIV					0.0947***	−0.0040
					(9.95)	(−0.59)
Size	0.1206***	−0.0046***	0.0831***	−0.0038***	0.0305***	−0.0070***
	(23.34)	(−6.14)	(16.88)	(−3.93)	(5.66)	(−5.75)
Lev	−0.1527***	0.0037	−0.0901***	0.0012	−0.1083***	0.0081
	(−7.10)	(1.11)	(−4.32)	(0.26)	(−4.98)	(1.60)

续表

	(1)	(2)	(3)	(4)	(5)	(6)
	全样本		高平均薪酬组		低平均薪酬组	
	Stage1	Stage2	Stage1	Stage2	Stage1	Stage2
variable	PAY	RTK	Highmean - pay	RTK	Lowmean - pay	RTK
Age	0.0016	0.0083***	0.0318***	0.0075***	−0.0195**	0.0092***
	(0.21)	(9.04)	(4.69)	(6.38)	(−2.51)	(6.33)
Roe	−0.0304	−0.1023***	−0.0501*	−0.1082***	−0.0143	−0.0958***
	(−1.13)	(−15.44)	(−1.92)	(−12.20)	(−0.56)	(−9.83)
Growth	−0.0276***	0.0082***	−0.0168**	0.0072***	−0.0084	0.0092***
	(−4.03)	(6.65)	(−2.39)	(4.34)	(−1.21)	(5.25)
PPE	−0.2390***	−0.0014	−0.1353***	−0.0002	−0.0526**	−0.0009
	(−9.08)	(−0.40)	(−5.21)	(−0.03)	(−2.01)	(−0.18)
Dual	0.0245***	0.0013	0.0255***	0.0021	0.0085	−0.0003
	(3.03)	(1.16)	(3.25)	(1.50)	(1.03)	(−0.20)
Inder	−1.5259***	0.0025	−0.3811***	0.0185***	−0.7933***	0.0012
	(−59.25)	(0.76)	(−11.20)	(2.82)	(−31.44)	(0.26)
Board	−0.2912***	−0.0040*	−0.0897***	−0.0010	−0.1232***	−0.0028
	(−15.16)	(−1.71)	(−4.90)	(−0.30)	(−6.09)	(−0.76)
Shr5	0.0005**	0.0002***	0.0004*	0.0001***	0.0004*	0.0002***
	(2.03)	(4.85)	(1.75)	(2.90)	(1.74)	(3.99)
Managhold	−0.0075	0.0001	−0.0615***	0.0026	0.0347**	−0.0030
	(−0.50)	(0.06)	(−4.26)	(0.88)	(2.13)	(−0.88)
Capital	0.0075**	−0.0018***	0.0045	−0.0017***	0.0010	−0.0020***
	(2.48)	(−4.02)	(1.54)	(−2.86)	(0.33)	(−2.93)
Year	Yes	Yes	Yes	Yes	Yes	Yes

	(1)	(2)	(3)	(4)	(5)	(6)
	全样本		高平均薪酬组		低平均薪酬组	
	Stage1	Stage2	Stage1	Stage2	Stage1	Stage2
variable	PAY	RTK	Highmean - pay	RTK	Lowmean - pay	RTK
Ind	Yes	Yes	Yes	Yes	Yes	Yes
_cons	6.3464***	0.1492***	7.8815***	0.0911***	9.1287***	0.2064***
	(47.30)	(7.56)	(64.03)	(3.92)	(69.02)	(6.96)
N	13835	13835	7643	7643	6192	6192
R^2	0.3990	0.1880	0.3447	0.1915	0.3839	0.1949

（二）变更被解释变量的衡量方式

变更被解释变量的衡量方式：首先，将总资产收益率（ROA）替换为净利润与总资产比值衡量企业风险承担水平（RTK2），对主回归模型进行混合OLS回归结果列示于表4-9。从列（1）和列（2）可以看出，全样本与高于其年度行业中位数的高薪酬组的子样本中独立董事薪酬水平（PAY）与企业风险承担水平（RTK2）的回归系数在1%水平上显著为正（b=0.0058,t=5.15; b=0.0125,t=6.54），列（3）显示在低平均薪酬组中，独立董事薪酬水平（PAY）与企业风险承担水平（RTK2）正相关，但是不显著（b=0.0002,t=0.08）；其次，本书还参考Faccio等（2011）[261]方法，尝试以股票月收益率的波动性衡量企业风险承担水平（RTK3），对主回归模型进行混合OLS回归结果列示于表4-10。从列（1）可以看出，全样本中独立董事薪酬水平（PAY）与企业风险承担水平（RTK3）在1%水平上显著正相关（b=0.1155,t=3.11），从列（2）可以看出，在高于其年度行业中位数的高平均薪酬组的子样本中，独立董事薪酬水平（PAY）与企业风险承担水平（RTK3）的回归系数在5%水平上显著为正（b=0.1458,t=1.97），列（3）显示在低平均薪酬组中，独立董事薪酬水平（PAY）与企业风险承担水平（RTK3）为正相关，但是不显著（b=0.0089,t=0.11）；最后，以息税折旧摊销前利润（EBITDA）为基础计算的三年内$ADJ\_ROA_{i,t}$的最大值和最小值之差来衡量企业风险承担水平（RTK4），回归结果列示于表4-11。从第（1）列的全样本回归结果可以看出，独立董事薪酬水平（PAY）与企业风险承担水平（RTK4）的回归系数在1％水平上显著正相关（b=0.0065,t=5.51），从第（2）列的高平均薪酬组的回归结果可以看出，独立董事薪酬水平（PAY）与企业风险承担水平（RTK4）的回归系数在1％水平上显著正相关（b=0.0135,t=6.75），从第（3）列的低平均薪酬组的回归结果可以看出，独立董事薪酬水平（PAY）与企业风险承担水平（RTK4）的回归系数为负，但是不具有统计上的显著性（b=-0.0001,t=-0.05），即低平均薪酬组的独立董事薪酬水平与企业风险承担水平不存在显著线性相关关系。检验结果除了各变量系数大小有所差异外，均与表4-6基本无差异，说明结果依然稳健。

表4-9　将总资产收益率（ROA）替换为净利润与总资产比值

variable	(1) RTK2	(2) PAY>=medmeanpay	(3) PAY<medmeanpay
PAY	0.0058***	0.0125***	0.0002
	(5.15)	(6.54)	(0.08)
Size	−0.0049***	−0.0045***	−0.0063***
	(−6.73)	(−4.79)	(−5.36)
Lev	0.0055*	0.0036	0.0081
	(1.70)	(0.84)	(1.63)
Age	0.0075***	0.0065***	0.0079***
	(8.43)	(5.78)	(5.64)
Roe	−0.1108***	−0.1143***	−0.1056***
	(−17.41)	(−13.54)	(−11.14)
Growth	0.0075***	0.0063***	0.0085***
	(6.27)	(4.00)	(4.93)
PPE	−0.0010	0.0015	−0.0036
	(−0.29)	(0.32)	(−0.77)
Dual	0.0011	0.0016	0.0002
	(1.04)	(1.14)	(0.09)

续表

variable	(1) RTK2	(2) PAY>=medmeanpay	(3) PAY<medmeanpay
Inder	0.0108***	0.0214***	0.0017
	(2.96)	(3.38)	(0.35)
Board	−0.0022	0.0001	−0.0030
	(−0.97)	(0.03)	(−0.82)
Shr5	0.0002***	0.0001***	0.0002***
	(5.40)	(2.89)	(4.66)
MH	0.0005	0.0040	−0.0031
	(0.24)	(1.45)	(−0.92)
Cap	−0.0017***	−0.0016***	−0.0018***
	(−4.02)	(−2.84)	(−2.78)
Year	Yes	Yes	Yes
Ind	Yes	Yes	Yes
_cons	0.1334***	0.0337	0.2340***
	(8.72)	(1.50)	(7.20)
N	13835	7643	6192
R^2	0.2162	0.2226	0.2189

表4-10 股票月收益率的波动性

variable	(1) RTK3	(2) PAY>=medmeanpay	(3) PAY<medmeanpay
PAY	0.1155***	0.1458**	0.0089
	(3.11)	(1.97)	(0.11)
Size	−0.1941***	−0.1994***	−0.2063***
	(−8.64)	(−6.96)	(−5.68)
Lev	−0.3678***	−0.4158***	−0.3139**
	(−4.00)	(−3.31)	(−2.31)
Age	−0.3500***	−0.3496***	−0.3586***
	(−10.00)	(−7.35)	(−6.92)

续表

variable	(1) RTK3	(2) PAY>=medmeanpay	(3) PAY<medmeanpay
Roe	1.7299***	1.9957***	1.4715***
	(14.91)	(10.91)	(10.07)
Growth	0.3289***	0.3640***	0.2986***
	(9.96)	(6.78)	(7.18)
PPE	−1.8257***	−1.9650***	−1.7268***
	(−18.43)	(−14.16)	(−12.12)
Dual	0.0486	0.0221	0.0875
	(1.34)	(0.45)	(1.64)
Inder	0.0642	0.0846	−0.0480
	(0.50)	(0.36)	(−0.31)
Board	−0.0208	−0.0832	0.0735
	(−0.26)	(−0.76)	(0.62)
Shr5	0.0099***	0.0085***	0.0118***
	(9.50)	(6.25)	(7.12)
MH	0.4739***	0.4166***	0.5549***
	(5.28)	(3.47)	(4.11)
Cap	0.1056***	0.1304***	0.0822***
	(8.39)	(7.47)	(4.47)
Year	Yes	Yes	Yes
Ind	Yes	Yes	Yes
_cons	3.6960***	3.4038***	5.0375***
	(8.00)	(4.16)	(5.37)
N	13711	7600	6111
R^2	0.3665	0.3499	0.3934

表4-11 ADJ_ROAi,t 的最大值和最小值极差

variable	(1) RTK3	(2) PAY>=medmeanpay	(3) PAY<medmeanpay
PAY	0.0065***	0.0135***	−0.0001
	(5.51)	(6.75)	(−0.05)
Size	−0.0052***	−0.0047***	−0.0067***
	(−6.71)	(−4.76)	(−5.41)
Lev	0.0043	0.0020	0.0073
	(1.27)	(0.44)	(1.41)
Age	0.0084***	0.0072***	0.0090***
	(9.15)	(6.20)	(6.23)
Roe	−0.1049***	−0.1098***	−0.0982***
	(−15.79)	(−12.38)	(−10.00)
Growth	0.0082***	0.0073***	0.0089***
	(6.55)	(4.39)	(4.99)
PPE	−0.0019	−0.0000	−0.0037
	(−0.56)	(−0.01)	(−0.77)
Dual	0.0012	0.0019	−0.0002
	(1.07)	(1.34)	(−0.11)
Inder	0.0123***	0.0246***	0.0024
	(3.25)	(3.71)	(0.48)
Board	−0.0023	0.0001	−0.0029
	(−0.98)	(0.02)	(−0.76)
Shr5	0.0002***	0.0001***	0.0002***
	(5.00)	(2.76)	(4.23)
MH	0.0005	0.0038	−0.0027
	(0.24)	(1.32)	(−0.78)
Cap	−0.0019***	−0.0018***	−0.0020***
	(−4.30)	(−3.06)	(−2.95)

续表

	(1)	(2)	(3)
Year	Yes	Yes	Yes
Ind	Yes	Yes	Yes
_cons	0.1332***	0.0284	0.2466***
	(8.37)	(1.22)	(7.27)
N	13835	7643	6192
R^2	0.1938	0.1985	0.1991

（三）采用固定效应模型

为了缓解可能存在遗漏不随时间改变的固定因素问题，使用固定效应模型进一步检验独立董事薪酬水平（PAY）对企业风险承担水平（RTK）的影响。检验结果与表4-6的结论基本一致，说明回归结果具有一定的稳健性。

表4-12　固定效应模型

	(1)	(2)	(3)
variable	*RTK*	*PAY>=medmeanpay*	*PAY<medmeanpay*
PAY	0.0061***	0.0132***	−0.0021
	(5.53)	(6.74)	(−0.84)
Size	−0.0064***	−0.0058***	−0.0080***
	(−10.25)	(−7.39)	(−7.95)
Lev	−0.0058**	−0.0085**	−0.0023
	(−2.19)	(−2.47)	(−0.56)
Age	0.0045***	0.0038***	0.0047***
	(4.80)	(3.21)	(3.17)
Roe	−0.1105***	−0.1149***	−0.1046***
	(−33.31)	(−25.92)	(−20.95)
Growth	0.0089***	0.0081***	0.0096***
	(11.01)	(7.03)	(8.30)

variable	(1) RTK	(2) PAY>=medmeanpay	(3) PAY<medmeanpay
PPE	−0.0063**	−0.0027	−0.0104**
	(−2.16)	(−0.69)	(−2.36)
Dual	0.0014	0.0022	0.0002
	(1.33)	(1.58)	(0.12)
Inder	0.0127***	0.0262***	0.0000
	(3.36)	(4.21)	(0.00)
Board	−0.0014	0.0002	−0.0021
	(−0.58)	(0.07)	(−0.56)
Shr5	0.0001***	0.0001	0.0002***
	(3.14)	(1.41)	(3.13)
MH	0.0022	0.0049*	−0.0004
	(1.02)	(1.81)	(−0.11)
Cap	−0.0005	−0.0003	−0.0008
	(−1.44)	(−0.71)	(−1.37)
Year	Yes	Yes	Yes
_cons	0.1181***	0.0177	0.2499***
	(8.36)	(0.81)	(8.18)
N	13835	7643	6192
R²	0.1143	0.1215	0.1126

（四）考虑独立董事个人特征因素

前文控制变量的选取主要是在公司层面筛选的变量来控制独立董事薪酬激励对企业风险承担水平的影响，考虑到独立董事个体特征的差异，在主回归模型中加入独立董事男性占比、独立董事平均年龄、独立董事平均任期和独立董事平均教育程度。当考虑独立董事个人特征后，在全样本和高于其年度行业中位数的高平均薪酬组的子样本中，独立董事薪酬水平

（PAY）对提升企业风险承担水平（RTK）的作用依然显著，回归结果与表4-6基本一致，说明上述结论具有一定的稳健性。

表4-13 加入独立董事个人特征变量

variable	(1)	(2)	(3)
	RTK	PAY>=medmeanpay	PAY<medmeanpay
PAY	0.0063***	0.0134***	0.0000
	(5.37)	(6.76)	(0.01)
Size	−0.0050***	−0.0043***	−0.0069***
	(−6.55)	(−4.38)	(−5.60)
Lev	0.0041	0.0014	0.0079
	(1.21)	(0.30)	(1.54)
Age	0.0083***	0.0071***	0.0091***
	(9.12)	(6.06)	(6.31)
Roe	−0.1016***	−0.1066***	−0.0948***
	(−15.46)	(−12.08)	(−9.79)
Growth	0.0082***	0.0072***	0.0090***
	(6.64)	(4.31)	(5.13)
PPE	−0.0005	0.0005	−0.0016
	(−0.15)	(0.10)	(−0.33)
Dual	0.0010	0.0016	−0.0003
	(0.93)	(1.12)	(−0.18)
Inder	0.0109***	0.0234***	0.0009
	(2.87)	(3.52)	(0.17)
Board	−0.0027	−0.0002	−0.0034
	(−1.13)	(−0.06)	(−0.92)
Shr5	0.0002***	0.0001***	0.0002***
	(4.76)	(2.76)	(3.97)
MH	0.0004	0.0034	−0.0027
	(0.17)	(1.20)	(−0.81)

variable	(1)	(2)	(3)
	RTK	PAY>=medmeanpay	PAY<medmeanpay
Cap	−0.0018***	−0.0017***	−0.0019***
	(−4.02)	(−2.80)	(−2.78)
Dage	−0.0001	−0.0003**	0.0001
	(−1.18)	(−2.42)	(0.53)
Mannum	−0.0020	−0.0015	−0.0037
	(−0.98)	(−0.58)	(−1.10)
Term	−0.0021***	−0.0019***	−0.0021***
	(−5.33)	(−4.00)	(−3.16)
Expert	−0.0005	−0.0014	0.0007
	(−0.72)	(−1.48)	(0.62)
Year	Yes	Yes	Yes
Ind	Yes	Yes	Yes
_cons	0.1431***	0.0436*	0.2465***
	(8.97)	(1.88)	(7.25)
N	13835	7643	6192
R^2	0.1913	0.1976	0.1958

五、影响机制分析

（一）中介效应检验步骤

诸多经济现象之间存在着错综复杂的关系，但是可以通过中介效应以抽丝剥茧的形式发现其中的相关性。本部分研究独立董事薪酬水平提升企业风险承担水平的作用路径。根据上述假设分析，通过管理层短视程度、独立董事勤勉度和独立董事投资意见的充分表达效果三条路径进行分析。

借鉴 Baron 和 Kenny（1986）[262]、温忠麟和叶宝娟（2014）[263]采用逐

步法进行中介效应检验，想要验证的中介变量是M，中介效应检验步骤如下所示：第一步，检验独立董事薪酬水平与企业风险承担水平之间的关系，即考察系数α_1的显著性，若α_1在统计上是显著时，继续第二步，否则停止检验。第二步，检验独立董事薪酬水平与中介变量之间的关系，即考察系数β_1的显著性，若β_1在统计上是显著时，继续第三步，否则停止检验。第三步，检验中介变量（M）对独立董事薪酬水平与企业风险承担水平的中介效应，即考察γ_1和γ_2的显著性，如果γ_1和γ_2都显著，则说明M属于部分中介效应，如果γ_2显著，γ_1不显著，则说明M具体完全中介效应。

中介效应检验步骤如下图4-6所示：

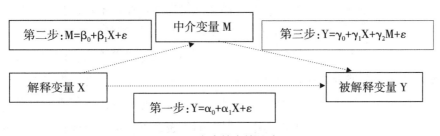

图4-6 中介效应检验步骤

中介效应占比为$\beta_1 * \gamma_2 / \alpha_1$。$\beta$和$\gamma$的乘积项不显著为零是中介效应占比存在前提条件，假如β和γ其中一个存在统计不显著时，乘积项依然存在显著的可能性，这种情况是逐步法无法检验的。Sobel（1982）[264]为了排除这种情况的出现，为了可以分别检验解释变量的显著性，以及中介变量系数乘积项的显著性，继而提出系数乘积检验法。Sobel检验法（$H_0 : \beta\gamma = 0$）的统计式为：

$$Z = \frac{\hat{c} * \hat{b}}{S_{bc}}$$

公式中分母$S_{bc} = \sqrt{\hat{c}^* s_b^2 + \hat{b}^* s_c^2}$，$\gamma$和$\beta$的估算值分别是$\hat{b}$和$\hat{c}$，$S_c^2$和$S_c^2$分别是$\beta$和$\gamma$估计值的方差。Sobel检验的零假设是$\gamma$和$\beta$的乘积为0，如果统计结果显著则拒绝原假设，即$\gamma$和$\beta$都不为0。

（二）中介检验实证结果

在上述研究中发现，激励充分的独立董事将显著增强其职能发挥的有效性，本书需要进一步了解加强独立董事薪酬水平激励是通过何种路径和影响机制来改善企业风险承担水平。根据温忠麟等（2004）[265]总结的中介效应检验程序第一步可知，如果解释变量X和被解释变量Y没有显著关系，则无需再进行下一步中介效应检验。因此，接下来只对全样本组和高平均薪酬子样本组的独立董事薪酬水平与企业风险承担水平进行中介效应检验。

第一、管理层短视程度中介效应。

管理层短视是导致企业风险承担不足的一个重要因素，管理层短视（Managerial myopia）是公司经理人机会主义行为的重要表现形式，是企业管理层可能为了规避风险和维护自己的利益，更关注短期绩效，倾向于选择期限短、风险低的投资项目，不利于企业长久发展（田利辉和王可第，2019）[266]。短视行为指的是企业长期无形资产项目投资不足，具体包括企业研发投入不足、企业员工培训以及宣传广告等投入欠缺（Porter，1992）[267]。其中与企业风险承担水平直接相关的是研发投入，即管理层短视可能会通过减少企业长期研发投入（钟宇翔等，2017）[268]，抑制企业风险承担水平。董事会的作用也不容忽视，董事会有义务监督高管的这种短视行为，尤其是独立董事作为中小股东的代表，可以提升企业在财务上的抗风险能力、保持研发投资的持续性和平滑性，还可以督促经理人通过创新来强化企业竞争力（马连福和高塬，2020）[269]，所以激励充分的独立董事能够更公正和客观地对公司管理层的短视行为进行监督，有效抑制管理层短视行为，进而增加企业风险承担水平。因此，本书预期，独立董事薪酬激励能够通过监督降低管理层短视进而影响企业风险承担水平。管理层短视程度（Myopia）：借鉴曹国华等（2017）[270]、许荣和李从刚（2019）[271]的研究，采用研发支出与销售收入比值的相反数来衡量管理层短视程度，定义为Myopia。Myopia的数值与研发支出呈现相反的关系，Myopia越大说明研发支出越少，企业面临的管理层短视程度越严重。

表4-14的列（1）—（2）是全样本的以管理层短视作为中介变量的回归结果。列（1）报告了独立董事薪酬水平与管理层短视之间的回归结果。可以看出，独立董事薪酬水平（PAY）与管理层短视程度（Myopia）存在显著负相关关系（b=-0.5926,t=-4.67），表明随着独立董事薪酬水平的增加，管理层短视程度越低。列（2）报告了加入中介因子，独立董事薪酬水平（PAY）与企业风险承担水平（RTK）的回归系数在1％水平上显著

正相关（b=0.0077,t=6.27），管理层短视程度（Myopia）与企业风险承担水平（RTK）的回归系数在10％水平上显著负相关（b=-0.0003,t=-1.74）；表4-14的列（3）—（4）列示了在高平均薪酬组子样本中回归结果。列（3）的独立董事薪酬水平（PAY）与管理层短视程度（Myopia）的回归系数在1％水平上显著负相关（b=-0.7931,t=-2.78），列（4）是加入中介因子的结果，独立董事薪酬水平（PAY）与企业风险承担水平（RTK）显著正相关（b=0.0125,t=6.04），管理层短视程度（Myopia）与企业风险承担水平（RTK）显著负相关（b=-0.0004,t=-3.51），子样本也通过了中介效应检验。根据回归系数来看，高平均薪酬组的回归系数大于全样本的系数，表明在独立董事薪酬水平高的子样本中，对独立董事激励的效果更显著。同时还报告了Sobel检验的结果，根据中介效应检验的原理可知，PAY对RTK的影响至少有一部分是通过了中介变量Myopia实现的。因此，降低管理层短视程度是独立董事薪酬水平促进企业风险承担水平的一个作用机制。

表4-14 管理层短视中介效应回归结果

	(1)	(2)	(3)	(4)
	全样本		高平均薪酬组	
variable	*Myopia*	*RTK*	*Myopia*	*RTK*
PAY	−0.5926***	0.0077***	−0.7931***	0.0125***
	(−4.67)	(6.27)	(−2.78)	(6.04)
Myopia		−0.0003*		−0.0004***
		(−1.74)		(−3.51)
Size	0.7199***	−0.0045***	0.6907***	−0.0031***
	(8.82)	(−5.21)	(6.22)	(−3.29)
Lev	5.0232***	0.0051	5.3721***	0.0010
	(13.93)	(1.20)	(9.80)	(0.26)
Age	0.4879***	0.0065***	0.7370***	0.0053***
	(4.12)	(6.43)	(4.20)	(4.16)
Roe	3.6822***	−0.1282***	4.7362***	−0.1290***
	(4.45)	(−16.93)	(3.19)	(−27.49)

variable	(1)	(2)	(3)	(4)
	全样本		高平均薪酬组	
	Myopia	*RTK*	*Myopia*	*RTK*
Growth	0.3359***	0.0089***	0.5116***	0.0091***
	(3.12)	(6.36)	(2.67)	(6.62)
PPE	3.9389***	−0.0033	5.0403***	−0.0079*
	(9.68)	(−0.85)	(7.96)	(−1.67)
Dual	−0.2829***	0.0010	−0.2599*	0.0020
	(−2.75)	(0.88)	(−1.81)	(1.51)
Inder	−1.1423***	0.0142***	−0.3009	0.0342***
	(−2.87)	(3.51)	(−0.43)	(5.35)
Board	0.2970	0.0004	0.3553	0.0035
	(1.07)	(0.16)	(0.91)	(1.08)
Shr5	0.0286***	0.0001***	0.0337***	0.0001***
	(8.27)	(3.25)	(7.27)	(2.70)
MH	−0.5651**	−0.0005	−0.5183*	0.0016
	(−2.55)	(−0.23)	(−1.78)	(0.64)
Cap	−0.5737***	−0.0017***	−0.6466***	−0.0018***
	(−10.31)	(−3.26)	(−7.79)	(−3.02)
Year	Yes	Yes	Yes	Yes
Ind	Yes	Yes	Yes	Yes
_cons	−7.2887***	0.1287***	−4.2851	0.0204
	(−4.72)	(5.98)	(−1.45)	(0.78)
N	9762	9762	5509	5509
R^2	0.2906	0.2369	0.2805	0.2484
Sobel Z(p 值)	3.951(0.0000)		1.717(0.0809)	

独立董事履职效率的路径分析：独立董事参与公司治理，履行职能的过程是一个"黑匣子"，学术界试图打开这个"黑匣子"，目前只能通过上

市公司现有公开披露的数据来测度独立董事的个人履职效率（郑志刚等，2017）[134]。目前公开披露数据适合衡量履职效率的有独立董事参会次数和独立董事在董事会中发表的意见等，根据现有文献总结，本书从独立董事勤勉度（Attendance）和独立董事投资意见的充分表达效果（Opinion）两个维度指标来衡量独立董事个人层面的履职效率。

第二、独立董事勤勉度中介效应。

独立董事需要合理分配自己的时间和精力来参加公司的董事会会议来获取公司经营发展的相关信息，从而根据自己的实践经验为公司未来发展提供可行性的意见，同时依据相关规章制度行使自己的监督权（郑志刚等，2017；谢雅璐，2016）[134,248]。所以，独立董事参加公司董事会议的次数反映了独立董事履职的成效，参加的次数越多，独立董事就能更好地了解公司的经营状况，同时也能有效监督公司管理层防止以权谋私。本书预期，薪酬水平决定了给独立董事带来的效用水平和激励程度，如果独立董事获得的薪酬水平较高，能够激励独立董事积极参加董事会会议（Adams和Ferreira，2008）[123]，对公司给予更多的关注，强化独立董事监督经理人的动机，有效约束代理人的懈怠行为，进而影响企业风险承担水平。因此，本书使用独立董事年度平均参与董事会会议的次数（Attendance）来衡量独立董事勤勉度，独立董事年度平均参加董事会会议的次数采用应参会次数减去委托参会次数，再减去缺席次数。

表4-15列（1）—（2）是基于全样本检验独立董事勤勉度的中介效应的结果。列（1）报告了独立董事薪酬水平与独立董事勤勉度之间的OLS回归结果。可以看出，独立董事薪酬水平（PAY）与独立董事勤勉度（Attendance）存在显著正相关关系，说明独立董事薪酬水平越高，对独立董事的激励性越强，其参与董事会会议的意愿和次数增强。列（2）报告了加入中介因子，独立董事薪酬水平（PAY）和独立董事勤勉度（Attendance）的回归系数均显著为正；表4-15列（3）—（4）是基于高平均薪酬组子样本检验独立董事勤勉度的中介效应的结果。列（3）中独立董事薪酬水平（PAY）与独立董事勤勉度（Attendance）在1％水平上显著正相关。列（4）报告了加入中介因子，独立董事薪酬水平（PAY）和企业风险承担水平（RTK）在1％水平上显著正相关，独立董事勤勉度（Attendance）与企业风险承担水平（RTK）存在显著正相关关系，子样本也通过了中介效应检验。同时还报告了Sobel检验的结果，依据中介效应判定原理，PAY对RTK的影响至少有一部分是通过了中介变量Attendance实现的。因此，表明对独立董事进行薪酬水平激励可以通过增加独立董事参会意愿进而促进企业风险承担水平提高。

表4-15 独立董事勤勉度中介效应回归结果

variable	(1)	(2)	(3)	(4)
	全样本		高平均薪酬组	
	Attendance	RTK	Attendance	RTK
PAY	0.8286***	0.0060***	0.7831***	0.0131***
	(9.92)	(5.10)	(4.54)	(6.60)
Attendance		0.0002*		0.0003*
		(1.88)		(1.94)
Size	0.5307***	−0.0053***	0.5437***	−0.0047***
	(9.95)	(−6.95)	(7.12)	(−4.82)
Lev	3.2802***	0.0037	3.5679***	0.0015
	(17.37)	(1.08)	(12.80)	(0.32)
Age	−0.2634***	0.0083***	−0.2576**	0.0070***
	(−3.59)	(9.04)	(−2.40)	(5.98)
Roe	−1.0647***	−0.1016***	−1.3390***	−0.1067***
	(−4.04)	(−15.38)	(−3.56)	(−12.05)
Growth	0.3732***	0.0083***	0.4384***	0.0074***
	(5.95)	(6.68)	(4.20)	(4.45)
PPE	−2.9227***	0.0002	−3.2897***	0.0012
	(−12.56)	(0.05)	(−9.32)	(0.24)
Dual	0.0529	0.0012	0.0214	0.0019
	(0.68)	(1.06)	(0.19)	(1.34)
Inder	−7.1742***	0.0135***	−6.6136***	0.0248***
	(−27.49)	(3.50)	(−13.17)	(3.69)

续表

variable	(1)	(2)	(3)	(4)
	全样本		高平均薪酬组	
	Attendance	*RTK*	*Attendance*	*RTK*
Board	−3.0043***	−0.0017	−2.6882***	0.0003
	(−16.84)	(−0.69)	(−10.51)	(0.08)
Shr5	−0.0208***	0.0002***	−0.0248***	0.0001***
	(−8.42)	(4.87)	(−7.23)	(2.71)
MH	0.8926***	0.0002	1.2033***	0.0035
	(6.05)	(0.07)	(5.64)	(1.21)
Cap	0.1273***	−0.0018***	0.1304***	−0.0017***
	(4.16)	(−4.09)	(2.79)	(−2.86)
Year	Yes	Yes	Yes	Yes
Ind	Yes	Yes	Yes	Yes
_cons	−4.6289***	0.1348***	−5.4299***	0.0291
	(−3.90)	(8.50)	(−2.65)	(1.25)
N	13834	13834	7642	7642
R^2	0.2372	0.1895	0.2033	0.1947
Sobel Z(p值)	7.87(0.0000)		1.99(0.0464)	

第三、独立董事投资意见的充分表达效果中介效应。

企业风险承担水平是企业财务决策的一部分，需要专业技术与财务知识的双重智力支持。根据《公司法》规定，独立董事应当对公司投资收购等重大事项发表独立意见，承担重要的财务监督职责，直接参与经营决策。从薪酬契约角度给予独立董事激励，不仅能够调动独立董事发挥监督管理层的积极性，还能敦促独立董事基于股东利益出发积极介入公司投资活动，利用专业的财务知识协助企业控制财务风险，增强管理层对风险的把控能力。利用丰富的资源协助企业解决融资困难，增强企业的投资机会的把握能力（马连福和高塬，2020）[269]。总体而言，独立董事投资意见的充分表达会提高经理人对投资机会的把握能力，加大闲置资金的利用率，增加对R&D等未来成长性项目的投资支出，进而提升企业风险承担水平。

本书使用年内独立董事针对投资收购事项提出的意见数量（Opinion）作为独立董事投资意见的充分表达效果的替代变量。

表4-16列（1）—（2）是基于全样本检验独立董事投资意见的充分表达效果中介效应的结果。列（1）报告了独立董事薪酬水平与独立董事对企业投资收购给予意见的数量之间的OLS回归结果。可以看出，独立董事薪酬水平（PAY）与独立董事投资意见数量（Opinion）存在显著正相关关系，表明随着独立董事薪酬激励强度的增加，独立董事给予投资意见的越充分。列（2）报告了加入中介因子，独立董事薪酬水平（PAY）与独立董事投资意见数量（Opinion）分别与企业风险承担水平（RTK）存在显著正相关关系；表4-16列（3）—（4）是基于高平均薪酬组子样本检验独立董事投资意见的充分表达效果中介效应的结果。列（3）中独立董事薪酬水平（PAY）与独立董事投资意见数量（Opinion）在5％水平上显著。列（4）报告了加入中介因子，独立董事薪酬水平（PAY）与企业风险承担水平（RTK）在1％水平上显著正相关，独立董事薪酬水平（PAY）与独立董事投资意见数量（Opinion）在5％水平上存在显著正相关关系，子样本也通过了中介效应检验。同时还报告了Sobel检验的结果，表明独立董事投资意见的充分表达效果在独立董事薪酬水平激励影响企业风险承担水平的过程中发挥着部分中介效应。因此，可以表明独立董事薪酬激励可以通过增加独立董事参与企业投资战略的制定并给予充分的建议，改善公司投资策略，提高对投资机会的把握能力，进而促进企业风险承担水平提高。

表4-16 独立董事投资意见的充分表达效果中介效应回归结果

	(1)	(2)	(3)	(4)
	全样本		高平均薪酬组	
variable	*Opinion*	*RTK*	*Opinion*	*RTK*
PAY	0.0271*	0.0061***	0.0207**	0.0130***
	(1.66)	(5.24)	(2.13)	(6.62)
Opinion		0.0018***		0.0066**
		(2.84)		(2.39)

	(1)	(2)	(3)	(4)
	全样本		高平均薪酬组	
variable	*Opinion*	*RTK*	*Opinion*	*RTK*
Size	−0.0199**	−0.0052***	−0.0031	−0.0046***
	(−2.35)	(−6.78)	(−0.85)	(−4.76)
Lev	0.2254***	0.0040	0.0579***	0.0014
	(5.76)	(1.17)	(3.39)	(0.30)
Age	−0.0560***	0.0083***	−0.0072	0.0070***
	(−4.13)	(9.09)	(−1.30)	(5.99)
Roe	0.0942**	−0.1020***	0.0212	−0.1070***
	(2.03)	(−15.46)	(0.98)	(−12.09)
Growth	0.0508***	0.0083***	0.0220***	0.0073***
	(3.93)	(6.68)	(3.30)	(4.40)
PPE	−0.1971***	−0.0000	−0.0528***	0.0013
	(−4.65)	(−0.01)	(−2.91)	(0.27)
Dual	0.0356**	0.0011	0.0005	0.0019
	(2.17)	(1.02)	(0.07)	(1.34)
Inder	0.0491	0.0119***	0.0036	0.0242***
	(0.84)	(3.15)	(0.12)	(3.65)
Board	−0.0768**	−0.0021	−0.0152	0.0002
	(−2.32)	(−0.90)	(−1.09)	(0.05)
Shr5	−0.0005	0.0002***	−0.0002	0.0001***
	(−1.16)	(4.77)	(−1.32)	(2.69)
MH	0.1661***	0.0000	0.0649***	0.0032
	(4.23)	(0.02)	(3.97)	(1.10)
Cap	0.0124**	−0.0018***	0.0022	−0.0017***
	(2.20)	(−4.09)	(0.88)	(−2.86)
Year	Yes	Yes	Yes	Yes

续表

variable	(1)	(2)	(3)	(4)
	全样本		高平均薪酬组	
	Opinion	*RTK*	*Opinion*	*RTK*
Ind	Yes	Yes	Yes	Yes
_cons	0.4013**	0.1331***	−0.0904	0.0291
	(2.10)	(8.40)	(−0.88)	(1.26)
N	13835	13835	7643	7643
R^2	0.0380	0.1899	0.0289	0.1955
Sobel Z(p 值)	1.97(0.0489)		2.64(0.0083)	

六、进一步分析：互补效应抑或替代效应

根据前文研究表明，独立董事薪酬水平会对企业风险承担水平产生重要影响。独立董事薪酬水平可以激励独立董事积极履职，积极的监督作用提升了管理层的内部监督压力。除了独立董事监督之外，企业管理者的行为也会受到外界资本市场中分析师等中介机构的监督，也具有公司治理效应。然而，他们参与公司治理的方式、途径与程度存在差异，为了厘清上述差异，接下来，我们从分析师、媒体、机构投资者三大外部监督主体分情景进行检验。

分析师跟踪、媒体关注度和机构投资者持股作为外部监督和信息传播的重要机制，其监督管理者的力度越大，抑制管理者短视行为的效果越明显，外部治理效应越强。证券分析师在抑制代理问题中发挥着重要的信息中介和监督者角色。分析师可以通过电话会议、实地调研等方式长期跟踪关注企业动态，通过发布相关信息促进投资者对企业的监督，约束管理层权力，降低管理层机会主义行为倾向。媒体在资本市场中扮演着重要的角色，媒体报道加强了对上市公司的监督作用，会影响管理者的声誉以及社会公共形象。媒体报道增加管理者因获取私人收益被曝光的潜在损失成本，因此，管理者会适当地承担风险，选择有利于企业长期发展的投资决策，即媒体发挥着外部公司治理效应。根据有效监督假说，机构投资者与

一般投资者存在明显的差异，机构投资者有动力且有能力参与公司治理。因为大量持股代表着众多公共散户进行投资，负有法律信托责任，且他们可以直接与企业管理者进行沟通和交流，进而他们具有内部经营信息优势。因此，机构投资者的规模经济可以降低企业的信息不对称问题，有利于缓解代理问题，进而可以降低监督成本。然而，独立董事与媒体、机构投资者以及分析师关注企业动态与参与治理的方式和途径都相差甚远，导致他们之间可能是相互替代或者互补效应。如果独立董事薪酬激励对风险承担水平的影响在媒体关注度（Media）、分析师关注度（Analysis）和机构投资者持股比例（INShr）较低的公司中更显著，则说明独立董事与分析师、媒体、机构投资者在监督治理方面存在替代效应，反之则说明互补效应成立。

接下来分别采用分析师跟踪人数、公司年度新闻报道数量以及机构投资者持股比例的"年度—行业"中位数进行两两分组，然后进行组间系数差异性检验，回归结果列示于表4-17。首先，表4-17的第（1）—（2）列展示了在分析师关注度情景下分组回归的结果。可以看出，独立董事薪酬水平提升企业风险承担水平在分析师关注度低组更显著，并且通过了组间系数差异性检验（Chi²Test），说明在外部监督压力较小的情况下，货币薪酬对独立董事的激励作用同样更加显著。其次，表4-17的第（3）—（4）列展示了在媒体关注度情景下分组回归的结果。可以看出，独立董事薪酬水平提升企业风险承担水平在媒体关注度低组更显著，并且通过了组间系数差异性检验（Chi²Test）。最后，表4-17的第（5）—（6）列展示了在机构投资者持股情景下分组回归的结果。可以看出，独立董事薪酬水平提升企业风险承担水平在机构投资者持股比例低组更显著，并且通过了组间系数差异性检验（Chi²Test）。上述结果说明货币薪酬对独立董事的激励作用，提高了独立董事公司内部治理效应，并且他可以作为相对较弱的外部治理机制的替代机制。即验证了独立董事与分析师、外界媒体和机构投资者对上市公司监督治理方面存在替代效应。

表4-17 互补抑或替代效应分组回归结果

variable	(1) Analysis=1 RTK	(2) Analysis=0 RTK	(3) Media=1 RTK	(4) Media=0 RTK	(5) INShr=1 RTK	(6) INShr=0 RTK
PAY	0.0034*	0.0057***	0.0038***	0.0078***	0.0029*	0.0074***
	(1.65)	(3.63)	(2.74)	(4.48)	(1.92)	(3.57)
Size	−0.0034***	−0.0045***	−0.0030***	−0.0090***	−0.0025***	−0.0079***
	(−3.07)	(−3.04)	(−3.50)	(−8.30)	(−2.68)	(−6.44)
Lev	−0.0071	0.0040	−0.0045	0.0138***	−0.0054	0.0166***
	(−1.53)	(0.70)	(−1.23)	(3.41)	(−1.38)	(3.30)
Age	0.0078***	0.0092***	0.0071***	0.0091***	0.0077***	0.0100***
	(5.92)	(5.51)	(5.60)	(6.34)	(5.80)	(5.22)
Roe	−0.0259*	−0.0774***	−0.0942***	−0.1032***	−0.0529***	−0.0979***
	(−1.78)	(−6.32)	(−20.91)	(−21.12)	(−10.15)	(−16.74)
Growth	0.0087***	0.0051***	0.0059***	0.0100***	0.0046***	0.0087***
	(5.71)	(2.78)	(5.11)	(8.98)	(3.00)	(6.96)
PPE	0.0141***	−0.0044	0.0020	−0.0010	0.0124***	−0.0045
	(2.65)	(−0.76)	(0.48)	(−0.19)	(2.80)	(−0.73)
Dual	0.0008	−0.0033*	0.0034**	−0.0012	0.0016	−0.0008
	(0.52)	(−1.72)	(2.43)	(−0.78)	(1.00)	(−0.41)
Inder	0.0095*	0.0013	0.0124**	0.0085	0.0097*	0.0092
	(1.81)	(0.21)	(2.52)	(1.49)	(1.81)	(1.32)
Board	0.0011	−0.0085**	−0.0018	−0.0040	−0.0001	−0.0056
	(0.32)	(−2.15)	(−0.59)	(−1.09)	(−0.03)	(−1.25)
Shr5	0.0002***	0.0002***	0.0002***	0.0001***	0.0002***	0.0004***
	(4.18)	(2.84)	(4.41)	(2.60)	(3.18)	(6.74)
MH	0.0027	−0.0010	0.0009	0.0012	−0.0116*	−0.0083**
	(0.84)	(−0.24)	(0.28)	(0.38)	(−1.89)	(−2.08)
Cap	−0.0013**	−0.0023***	−0.0028***	−0.0013**	−0.0019***	−0.0020***
	(−2.15)	(−2.85)	(−5.13)	(−2.26)	(−3.41)	(−2.85)

续表

variable	(1) Analysis=1 RTK	(2) Analysis=0 RTK	(3) Media=1 RTK	(4) Media=0 RTK	(5) INShr=1 RTK	(6) INShr=0 RTK
Chi^2Test	0.0586*		0.0932*		0.0955*	
Year	Yes	Yes	Yes	Yes	Yes	Yes
Ind	Yes	Yes	Yes	Yes	Yes	Yes
_cons	0.0844***	0.1621***	0.1322***	0.1855***	0.0988***	0.1667***
	(3.87)	(5.90)	(7.27)	(7.31)	(5.10)	(6.01)
N	4869	4220	6977	6648	5131	5038
R^2	0.1697	0.1605	0.1915	0.1903	0.1913	0.1889

本章小结

独立董事制度的产生之初，目的是利用独立董事的治理作用完善公司治理机制，但是一直存在一个争论，给予独立董事薪酬是否会干预其独立性。独立董事也是理性的经济人，需要适当的激励，才能积极地发挥履职效率。本章节从独立董事薪酬水平视角，探讨薪酬水平激励对独立董事发挥监督与咨询职能的影响，以及最终落脚到对企业风险承担水平的影响。通过探索独立董事薪酬激励对企业风险承担水平的内在机理和路径分析，为如何制定合理的独立董事薪酬契约提供参考和建议。

研究结果显示：（1）首先，在全样本中独立董事薪酬水平越高越可以促进企业风险承担水平，说明货币薪酬是促进独立董事履职的一种重要形式。进一步按照独立董事薪酬行业中位数进行分组，区分为高平均薪酬组和低平均薪酬组。实证结果显示，仅在高薪酬水平组中，独立董事薪酬水平与企业风险承担水平显著正相关，说明过低的薪酬激励水平不能对独立董事起到激励作用，无法促进独立董事履职成效；其次，独立董事具有海外背景可以增强独立董事薪酬水平对企业风险承担水平的正向影响。（2）

管理层短视行为是导致企业风险承担不足的一个关键因素，而独立董事发挥其监督作用可以在一定程度上缓解管理层短视；独立董事积极参加董事会议、基于股东利益对重要投资项目提出建议，可以督促管理层提高对投资机会的把握能力。机制检验中发现，独立董事薪酬激励可以促进独立董事履职、缓解管理层短视行为，进而提升企业风险承担水平。（3）在进一步研究得出以下结论：独立董事薪酬水平提升企业风险承担水平的作用在分析师关注度低、媒体关注度低以及机构投资者持股比例低的分组中更显著。这一结论可以表明独立董事对公司的治理效应与分析师、媒体、机构投资者等外部监督机制存在着明显的替代效应。当企业面临的外部监督水平较低时，会更加突出独立董事的作用。本书研究结论验证了独立董事薪酬激励可以促使其有效发挥监督与咨询作用，抑制管理层短视行为，促使管理者增加长期项目的投资意愿，适当提升其风险承担能力，进而提升企业风险承担水平。

第五章
独立董事内部薪酬差距
对企业风险承担水平的影响

为实现对经理人的监督，在公司内部设立董事会，于是形成了"股东—董事会—经理人"三层代理结构。董事会作为企业内部的决策机构，主要职责是保护股东的利益。独立董事作为董事会的主要成员，在维护股东利益不受经理人侵害的过程中扮演着重要的角色（Weisbach，1988）[272]。独立董事不仅可以利用本身丰富的经验和专业的能力甄别出经理人的不当行为，进而有效约束经理人的机会主义行为（祝继高等，2015）[273]，还可以根据专家的身份为企业提供独立、客观以及专业的建议，有助于完善公司治理机制，进而有助于董事会决策能力的提升（沈艺峰等，2016）[274]。但是学术界和实务界都对独立董事的独立性、专业胜任能力和履职效率产生疑问，学者认为股东与独立董事之间仍然存在利益冲突与代理成本，代理问题是影响独立董事履职成效的主要因素。因此，建立适宜的独立董事补偿机制和薪酬激励机制是降低利益冲突和代理成本的有效措施。有关薪酬激励计划研究主要包括薪酬水平和薪酬结构两个维度。在现实生活中，企业内部人员之间的薪酬分配差距逐渐扩大，学者也结合现实情况不断完善人力资源理论，实务界和学术界对薪酬研究的重点也由薪酬水平过渡到薪酬结构。与内部董事、高级管理人员不同，根据《指导意见》对独立董事劳动报酬的现有规定，不鼓励向独立董事提供股权激励，独立董事薪酬支付主要是货币薪金和劳动报酬联系在一起，这就意味着，上市公司主要是向独立董事发放货币薪酬作为人力资本的补偿。因此，我们不仅需要考虑其薪酬水平对独立董事履职行为影响（郑志刚等，2017）[134]，也需要考虑其内部薪酬差距也有可能对独立董事履职行为产生影响。

现有关于内部薪酬差距的研究，主要关注的是高管之间以及高管与员工之间的差距，忽略了企业多名独立董事之间的薪酬差距。独立董事也是理性经理人，薪酬的多寡也会影响他们履职的积极性。同一企业内部多名独立董事也会存在薪酬比较，因此，上市公司在制定独立董事薪酬的时候，不仅需要考虑支付的薪酬水平，还需要考虑同一企业独立董事之间的薪酬差距。根据现有的学术研究和上市公司披露的数据来看，独立董事之间的薪酬的确存在着显著差别。从本书统计的数据来看，同一企业、同一年度中多名独立董事的薪酬并非一致，其中一家企业的最高的独立董事薪酬与最低的独立董事薪酬相差 15.14 万元。因此，这种巨大的内部薪酬差距必然会引发学者和社会公众的关注，进而会引发学者们对独立董事履职效率的思考。基于此，本章节研究独立董事内部薪酬差距对企业风险承担水平的影响。我们发现独立董事薪酬设计是公司治理的强化机制，这不仅有助于上市公司制定合理的独立董事薪酬契约，也有助于深入研究薪酬契约合理性对独立董事积极履职的影响，为今后上市公司进一步有效制定独立董事的薪酬契约提供了经验证据。

第一节 理论分析与研究假设提出

参与约束和激励相容是在制定经理人薪酬，充分考虑经理人激励的前提条件，同样也适用于制定独立董事薪酬激励。独立董事的薪酬补偿效应可以提升独立董事的履职效率。上市公司在制定独立董事薪酬时，要想保证独立董事切实以股东的利益为最大化，发自内心地监督经理人，提升公司治理效应，必须向独立董事提供具有竞争性的薪酬体系，确保独立董事的履职付出与潜在风险得到相应的补偿。独立董事薪酬激励是影响独立董事履职的重要因素，而同一企业内多名独立董事之间的薪酬差距可以作为激励独立董事履职的重要表现，因此，薪酬差距是影响独立董事的履职行为的关键因素。

根据 Lazear 和 Rose（1981）提出的薪酬锦标赛理论而言，对于普通员工之间设计竞赛晋升机制可以促使员工为了获得较高层级的薪酬而做出更大努力[230]。虽然独立董事不存在业绩考核和职位晋升，但是独立董事之间薪酬差距也可以作为独立董事履职行为的奖励。首先，在这个竞赛机制下，对同一企业内部的多名独立董事的薪酬进行差别化设计在一定程度上可以有效激励独立董事提高履职行为。对于获得高薪酬的独立董事会积极参加董事会会议，履行自己应尽的职责，这就会促使独立董事为了获得更高的薪酬而做出更大的努力（李世刚等，2019）[15]。对于目前处于薪酬劣势的独立董事，会激发其履职意愿，会更加努力地履行监督职责，在董事会会议上发表独立、客观的建议，抑制控股股东和经理人的不当行为（叶康涛等，2011）[275]，独立董事的一系列履职行为都是为了下次可以获得薪酬差距作为奖励以及为争取下次任职可以获得高薪酬的机会。其次，上市公司中往往存在多名独立董事共同参与监督与战略咨询，这些服务具有准公共品的性质，这使得独立董事之间在进行监督和战略咨询时存在搭便车行为，由此加剧了独立董事履职经济后果的识别困难，对多名独立董事的薪酬进行差别化设计在一定程度上避免在履职行为过程中出现搭便车倾向（郑志刚等，2017）[134]。

具体到独立董事内部薪酬差距与企业风险承担水平关系而言。适当的激励与工作者的努力程度存在明显的因果关系，独立董事内部薪酬差距可以激励独立董事合理地、积极地履行职责，采用适当的方式制止经理人的不当行为，提升公司治理效应。现代企业实质就是一系列不完全契约的有机组合，一切经济活动都按照契约进行，企业通过契约在市场中进行交易，进而获得相应的利润。风险与收益并存，高收益的项目必然存在更高的不确定性与风险，因此利润则可以理解为对风险承担水平较高的企业的一种补偿。然而，股东和经理人都是理性的经济人，各自的目标都是追求自身利益的最大化，但是两者之间的效用函数存在较大的差别。实施高风险的投资项目有助于股东财富最大化，有助于企业长期发展与壮大，是企业提效增值的关键途径之一。而委托代理理论假设经理人是风险厌恶的，引入独立董事的初衷就是为了解决两权分离下经理人与股东之间的利益冲突，使其站在股东的立场上"像股东一样思考"为企业长远打算。基于薪酬差距的锦标赛理论，适当的薪酬差距可以提升独立董事的勤勉度，激励独立董事认真、客观地履行职责。监督与咨询是独立董事的两大职能。在监督功能上，对独立董事激励充足，独立董事越能发挥监督作用，站在股东角度监督经理人。当企业经理人的投资决策不符合企业股东利益的时候，独立董事可以识别企业经理人的机会主义行为，能够有效监督其战略执行过程中有损公司绩效的行为。因此，独立董事的监督功能能够缓解经理人因规避风险导致企业风险承担不足的后果。在咨询功能上，独立董事不仅能够根据自己所处的专业技术领域提供建议，具有相关专业知识、经验和技能的独立董事还有能力对公司的经营战略、研发创新和财务制度等方面提供有效的建议。他们可以帮助企业高管寻求合适的投资模式，并避免高管以个人观点来集权化地评估和做出不符合企业的风险决策，例如风险承担不足等。因此，本书基于上述分析提出以下假设：

假设5-1：独立董事内部薪酬差距可以提升企业风险承担水平，即独立董事内部薪酬差距与企业风险承担水平正相关关系。

依据高阶梯队理论，独立董事的认知能力以及行为选择会受到他们曾经海外经历的影响。首先，拥有海外的学习经验或专业阅历的独立董事，不仅能为企业拓展海外关系，而且能够为企业创造更高价值的海外市场契机，也能够帮助企业创建较多的海外融资平台，从而提升企业的战略发展格局。同时，那些优秀的独立董事不仅能为企业投资决策提供可行性建议，也能为企业规避投资风险出谋划策，因此，海归独立董事的风险承担能力更强。其次，具有海外背景独立董事的精神和经济层面都具有较高的独立性，可以免疫管理层的利诱与威胁，以及丰富的专业领域阅历和敏锐的职业洞察力，对管理层机会主义行为具有较强的捕捉力和监督贯彻力（高凤莲等，2020）[20]。因此，相较于本地成长的独立董事而言，具有海外背景的独立董事具有更强的独立性，有效履行监督管理层职责的概率更高。最后，相较于本土强调集体主义文化成长的独立董事，海外独立董事接受西方文化的熏陶，更强调个人主义的价值取向，更愿意挑战新的环境（宋建波等，2017）[208]，在行为决策上具有更高的风险承受能力（Li等，2013）[276]。综上所述，具有海外背景的独立董事由于受海外成熟资本市场文化的熏陶，以及受到国外追求效率思潮的影响，扩大独立董事内部薪酬差距激励作用带来企业风险承担水平提升的作用更显著。因此，本书基于上述分析提出以下假设：

假设5-2：与不具有海外背景独立董事企业相比，具有海外背景独立董事企业中独立董事内部薪酬差距对企业风险承担水平的影响更强。

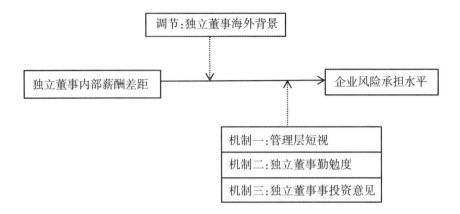

图5-1 独立董事内部薪酬差距作用机制研究框架

第二节 实证研究设计

一、样本选择与数据来源

本书选择2009—2019年沪深两市A股上市公司作为研究样本。由于被解释变量企业风险承担水平的计算需要3年或者5年的窗口数据，因此在计算企业风险承担水平时的实际数据采用为2005—2019年，其他变量按照2009—2019年选取。我们剔除金融保险类行业以及独立董事任期不足一年完整会计年度的样本，之后依次ST、*ST类以及相关指标缺失的企业。对于独立董事薪酬和独立董事背景数据的来源，首先，我们搜集CSMAR数据库中高管个人资料数据库，高管简历中主要包括证券代码、姓名、职位、薪资、学历及工作经历等重要信息，然后，根据职位筛选出来独立董事相关的所有数据，然后通过翻阅独立董事简历等背景资料，再根据新浪财经发布的相关新闻，以及结合百度百科等网站披露的相关资料，将独立董事海外背景数据补充完整。文中的其他财务数据也来源于CSMAR和WIND数据库，最后，对主要变量进行了1%和99%分位上的缩尾处理，得到13835个观测值的研究样本。本书主要的数据处理和统计分析是采用Stata15.0软件。

二、变量定义

（一）被解释变量

与第四章实证分析部分一致，本章继续采用企业盈余波动性来衡量企业风险承担水平。使用企业在观察时段内的ROA波动程度来度量企业风险承担水平，其中ROA使用息税折旧摊销前利润与期末总资产比值度量，参考John等（2008）、余明桂等（2013）的研究[3,11]，将ROA进行行业均值调整，以缓解行业及周期的影响，再根据t-2、t-1、t期三年计算经过调整后ROA的标准差，即企业风险承担水平。

（二）解释变量

在现有内部薪酬差距的文献中，主要研究包括高管之间的薪酬差距、高管与员工之间的薪酬差距，本书借鉴林浚清等（2003）[277]、李世刚等（2019）[15]的研究方法，对独立董事内部薪酬差距进行定义。独立董事内部薪酬差距变量（INGAP），通过两个维度进行衡量，分别采用同一公司中多名独立董事薪酬是否存在差距（ABSDUMY）和多名独立董事中薪酬最大值与最小值两者之间的差额（ABS）来衡量。第一，如果独立董事内部薪酬存在差距，取1，否则取0。第二，以独立董事最大薪酬与最小薪酬的差除以10000来表示内部薪酬差距（ABS）。实际上，虚拟变量只能部分捕捉到独立董事内部薪酬差距对企业风险承担水平的影响，却无法捕捉到内部薪酬差距的大小程度对企业风险承担水平的影响。有鉴于此，本书针对内部薪酬差距同时设置了虚拟变量和数量变量。

（三）调节变量

独立董事海外背景虚拟变量（Oversea）：独立董事海外经历是指曾经有过在海外留学和工作经历的独立董事。如果企业当年所有独立董事成员中至少有一个曾经有过海外学习或者工作经历的人员，则独立董事海外背景虚拟变量取值为1，否则为0。

（四）控制变量

借鉴企业风险承担水平现有研究，企业风险承担水平还可能受到其他一些因素的影响，在借鉴学者何威风等（2016）[4]、Adams等（2005）[234]、权小锋和吴世农（2010）[256]等研究成果的基础上，再结合影响独立董事的一些因素，本章节选取以下控制变量：企业规模（Size）、资产负债率（Lev）、上市年限（Age）、盈利能力（Roe）、企业成长性（Growth）、有形资产比例（PPE）、两职合一（Dual）、独立董事比例（Inder）、董事会规模（Board）、股权集中度（Shr5）、管理层持股比例（MH）、资本性支出（Cap），此外，为了控制行业和年份差异对企业风险承担水平的影响，本书在回归检验部分控制了行业（Year）和年份（Ind）虚拟变量。

（五）其他相关变量

产权性质（State）：如果公司实际控制人为国有单位或国有法人，则State取值为1，否则State为0。

股权集中度（Shr5）：根据前五大股东持股比例衡量股权集中度，计算出该指标的年度行业中位数，若企业前五大股东持股比例大于等于年度行业中位数，即为股权集中度组，Shr5为1；若企业前五大股东持股比例小于年度行业中位数，即为股权分散组，Shr5为0。

CEO权力（Power）：参照权小锋和吴世农（2010）等学者的研究[256]，本书从6个维度界定CEO权力，CEO任职年限（超过行业均值取1，否则为0）、CEO学历（硕士以上学历为1，否则为0）、两职合一（兼任董事长则取1，否则为0）、董事会规模（高于行业平均值为1，否则为0）、CEO是否持股（持股为1，否则为0）、CEO是否在外兼职（在外兼职为1，否则为0）。通过对上述6个指标相加总和得到CEO权力大小的连续积分变量，若总和大于3则认定为CEO权力大，Power取值为1，否则CEO权力小，Power取值为0。

上述主要变量的定义见表5-1：

表 5-1　主要变量说明

变量性质	变量符号	变量名称	变量解释
被解释变量	RTK	企业风险承担水平	上市公司在（t-2、t-1、t）三年内经行业调整的ROA的标准差
解释变量	ABSDUMY	独立董事内部薪酬差距	独立董事是否存在内部薪酬差距
	ABS		独立董事最大薪酬与最小薪酬的差额
调节变量	Oversea	独立董事海外背景虚拟变量	独立董事中至少有一个海外背景的取1，否则为0
控制变量	Size	企业规模	总资产取自然对数
	Lev	资产负债率	总负债与总资产的比值
	Age	上市年限	上市总年数取自然对数
	Roe	盈利能力	净资产收益率
	Growth	企业成长性	营业收入增长率
	PPE	有形资产比例	固定资产净值与总资产比值
	Dual	两职合一	董事长与总经理两职合一取1，否则为0
	Inder	独立董事比例	独立董事总人数与董事会总人数比值
	Board	董事会规模	董事会总人数取自然对数
	Shr5	股权集中度	前五大股东持股比例总和
	MH	管理层持股比例	董监高持股数量与总股数的比值
	Cap	资本性支出	购买固定资产、无形资产和其他长期资产所支付现金的自然对数
	Ind	行业虚拟变量	若上市公司属于行业i，则取值为1，否则为0
	Year	年份虚拟变量	若上市公司属于年份i，则取值为1，否则为0
其他变量	State	所有权性质	若属于国有企业，则取值为1，否则为0
	Shr5	股权集中度虚拟变量	若上市公司股权集中度高于行业中位数，则为1，否则为0
	Power	CEO权力	若CEO权力大，则为1，否则为0

注：后续表格中的变量符号与此表含义一致

三、模型定义

构建模型（5-1）对本章节提出的假设5-1进行检验：

$$RTK_{i,t} = \alpha_0 + \alpha_1 INGAP_{i,t} + \alpha_2 Size_{i,t} + \alpha_3 Lev_{i,t} + \alpha_4 Age_{i,t} + \alpha_5 Roe_{i,t}$$
$$+\alpha_6 Growth_{i,t} + \alpha_7 PPE_{i,t} + \alpha_8 Dual_{i,t} + \alpha_9 Inder_{i,t} + \alpha_{10} Board_{i,t}$$
$$+\alpha_{11} Shr5_{i,t} + \alpha_{12} MH_{i,t} + \alpha_{13} Cap_{i,t} + \sum Year + \sum Ind + \varepsilon_{i,t}$$

（模型5-1）

模型（5-1）中解释变量独立董事内部薪酬差距（INGAP）使用是否存在内部薪酬差距（ABSDUMY）和独立董事最大薪酬与最小薪酬的差额（ABS）两个指标衡量。若本书提出的假设5-1成立，INGAP的回归系数 α_1 应该显著为正。

第三节　实证结果

一、描述性统计

（一）样本公司独立董事内部薪酬差距主要变量概况

表5-2是对独立董事内部薪酬差距主要研究变量的描述性统计。结果显示，在样本公司中独立董事薪酬存在差距的企业有5862家，在一定程度上表明本书样本中独立董事存在内部薪酬差距的比例并不低，说明差别化的薪酬陆续在我国推行。全样本企业独立董事内部薪酬差距均值为2.421，最大值为15.14，说明一家公司中不同独立董事之间的薪酬差距还是较大的，为接下来研究独立董事内部薪酬差距提供了一定的可行性。

表5-2　独立董事内部薪酬差距描述性统计

variable	mean	sd	min	p50	max	N
ABSDUMY	0.424	0.494	0.000	0.000	1.000	13835

续表

variable	mean	sd	min	p50	max	N
ABS	2.421	3.524	0	0	15.14	13835

注：其中，独立董事内部薪酬差距均值（ABS）的单位为（万元）

（二）样本公司独立董事薪酬差距分组的均值差异检验

表5-3是按照独立董事内部薪酬是否存在差距进行分组，将样本分为内部薪酬存在差距组（YINGAP）和内部薪酬不存在差距组（NINGAP），观察两组样本中主要指标是否存在差异。表5-3列示了主要变量均值差异检验的结果。由表5-3可知，相较于内部薪酬不存在差距组（NINGAP），对于独立董事内部薪酬存在差距组（YINGAP）而言：（1）企业风险承担水平均值较高，且在10％的水平上显著差异，初步可以表明基于锦标赛理论，独立董事内部薪酬差距存在一定的激励效果；（2）企业的规模较大、杠杆水平较高、成长性较好、独立董事人数多、董事会规模较大、股权集中度高及资本性支出较大。

表5-3 独立董事内部薪酬差距分组描述性统计

变量	内部薪酬存在差距组		内部薪酬不存在差距组		均值差异	T检验
	样本量	均值	样本量	均值		
RTK	5862	0.0443	7973	0.0425	0.0018	1.9514
Size	5862	22.4032	7973	22.2864	0.1168	5.4510
Lev	5862	0.4549	7973	0.4520	0.0029	0.8486
Age	5862	2.3004	7973	2.3122	−0.0118	−1.2010
Roe	5862	0.0536	7973	0.0550	−0.0014	−0.5702
Growth	5862	0.2098	7973	0.1927	0.0171	1.8353
PPE	5862	0.2236	7973	0.2281	0.0045	1.5474
Dual	5862	0.2344	7973	0.2403	−0.0059	−0.8082
Inder	5862	0.5431	7973	0.3777	0.1655	91.3997
Board	5862	2.1579	7973	2.1383	0..0196	5.6310
Shr5	5862	51.1295	7973	50.5642	0.5653	2.2169

续表

变量	内部薪酬存在差距组		内部薪酬不存在差距组		均值差异	T检验
	样本量	均值	样本量	均值		
MH	5633	0.1423	8202	0.1356	0.0067	1.5887
Cap	5633	18.6872	8202	18.5841	0.1031	3.2531

资料来源：作者计算整理

二、相关性分析

下表5-4报告了主要变量的皮尔森（Pearson）检验系数。结果表明，独立董事内部薪酬（ABSDUMY、ABS）与企业风险承担水平（RTK）正相关，初步显示独立董事内部薪酬差距可以提升企业风险承担水平，但是简单的相关系数并不能完全说明二者之间的关系。在控制其他因素后，二者相关性需要进一步线性回归检验。控制变量Size、Lev、Age、Roe、Board、Shr5、Cap与RTK显著为负相关，表明样本企业规模越小、负债水平越低、上市年龄越小、盈利能力越低、董事会规模越小、股权集中度越低以及资本性支出越低，企业的风险承担水平越高；Growth、Dual、Inder与RTK显著正相关，表明企业成长越好、两职合一以及独立董事比例越高，则企业风险承担水平越高。此外，除了Cap和Size之间的相关系数为0.682，ABSDUMY和ABS之间的相关系数为0.801，Inder和ABSDUMY之间的相关系数为0.614，其他变量之间的相关系数没有超过0.5，这表明本章的研究不存在严重的多重共线性问题。

表5-4 相关性分析

	RTK	ABSDUM	ABS	Size	Lev	Age	Roe	Growth	PPE	Dual	Inder	Board	Shr5	MH	Cap
PTK	1.000														
ABSDUM	0.017*	1.000													
ABS	0.001	0.801***	1.000												
Size	-0.200***	0.046**	0.167***	1.000											
Lev	-0.012	0.007	0.045**	0.461***	1.000										
Age	-0.026***	-0.010	0.047**	0.286***	0.283***	1.000									
Roe	-0.273***	-0.005	0.013	0.141**	-0.138***	0.014*	1.000								
Growth	0.027***	0.016*	0.000	0.052***	0.044***	-0.013	0.187***	1.000							
PPE	0.000	-0.013	-0.042**	0.045***	0.059***	0.043***	-0.070***	-0.083***	1.000						
Dual	0.025***	-0.007	-0.013	-0.126***	-0.101***	-0.171***	-0.027***	0.014	-0.103***	1.000					
Inder	0.025***	0.614***	0.488***	-0.041***	-0.030***	-0.064***	-0.036***	0.028***	-0.051***	0.084***	1.000				
Board	-0.051***	0.048***	0.063***	0.247***	0.150***	0.126***	0.068***	-0.016	0.164***	-0.197***	-0.307***	1.000			
Shr5	-0.061***	0.019***	0.033***	0.281***	0.038***	-0.111***	0.152***	0.080***	0.077***	-0.043***	0.005	0.073***	1.000		
MH	0.008	0.014	-0.015*	-0.218***	-0.267***	-0.503***	-0.004	0.032***	-0.162***	0.334***	0.088***	-0.198***	0.022**	1.000	
Cap	-0.165***	0.028***	0.098***	0.682***	0.240***	0.057***	0.155***	0.019***	0.320***	-0.084***	-0.062***	0.238***	0.211***	-0.095***	1.000

注：* 、** 、*** 分别代表在10%、5%、1%水平上显著，检验方式为Pearson检验

三、多元回归分析

本书采用模型（5-1）来考察独立董事内部薪酬差距对企业风险承担水平的影响，表5-5列示了回归结果。从第（1）列的回归结果看出，独立董事内部薪酬差距虚拟变量（ABSDUMY）与企业风险承担水平在1％水平上显著正相关（b=0.0031,t=2.72），初步说明了与独立董事之间不存在内部薪酬差距的企业相比，独立董事之间存在薪酬差距的企业风险承担水平更高。第（2）列回归结果显示，独立董事内部薪酬差距（ABS）与企业风险承担水平在1％水平上显著为正（b=0.0007,t=4.95），说明独立董事内部薪酬差距越大，企业风险承担水平越高。现有实证结果与前文理论分析相结合可知，基于锦标赛理论发挥的激励作用，独立董事内部薪酬差距能够促进独立董事更好地发挥其公司治理作用，有效监督管理层短视行为、积极参与董事会并对董事会议案提出有效的投资建议，提高企业的研发投入和创新投资，进而提升企业风险承担水平，假设5-1得到验证。

控制变量的回归结果也基本符合预期：企业规模（Size）的回归系数显著为负，表明小企业较大企业具有更强的风险偏好；公司上市年限（Age）的回归系数显著为正，可以说明公司成立的时间越长，具有更强的抗风险能力，风险承担水平越高。盈利能力（Roe）的估计系数显著为负，可以表明当企业盈利能力越好，其更不愿意承担风险；企业成长性（Growth）的估计系数显著为正，说明当企业处于成长期，成长和发展的能力较强，企业风险承担水平越高；董事会规模（Board）的估计系数显著为负，表明董事会人数越多，越不容易出现决策极端化现象，公司风险承担水平越低；股权集中度（Shr5）的回归系数显著为正，表示前五大股东持股比例越高，企业风险承担水平越高；资本性支出（Cap）的回归系数显著为负，表明资本性支出水平越高的企业风险承担水平越低。

表5-5 独立董事内部薪酬差距对企业风险承担水平的影响

variable	(1) RTK	(2) RTK
ABSDUMY	0.0031***	
	(2.72)	
ABS		0.0007***
		(4.95)
Size	−0.0044***	−0.0046***
	(−5.89)	(−6.17)
Lev	0.0034	0.0036
	(1.00)	(1.08)
Age	0.0081***	0.0080***
	(8.87)	(8.80)
Roe	−0.1017***	−0.1017***
	(−15.38)	(−15.41)
Growth	0.0082***	0.0082***
	(6.59)	(6.67)
PPE	−0.0020	−0.0015
	(−0.58)	(−0.45)
Dual	0.0014	0.0014
	(1.29)	(1.28)
Inder	−0.0051	−0.0071*
	(−1.17)	(−1.85)
Board	−0.0061**	−0.0066***
	(−2.53)	(−2.80)
Shr5	0.0002***	0.0002***
	(4.85)	(4.91)
MH	0.0004	0.0005
	(0.19)	(0.22)

	(1)	(2)
variable	*RTK*	*RTK*
Cap	−0.0018***	−0.0018***
	(−3.92)	(−3.98)
Year	Yes	Yes
Ind	Yes	Yes
_cons	0.1953***	0.2028***
	(15.47)	(15.97)
N	13835	13835
R^2	0.1878	0.1887

注：*、**、***分别对应10％、5％、1％的显著性水平，括号内为稳健性调整的T值，下同

为了进一步考察独立董事是否有海外背景（Oversea）对独立董事内部薪酬差距与企业风险承担水平两者之间关系的影响，采用独立董事是否有海外背景分组回归进行实证检验，回归结果列示于表5-6。列（1）和列（3）是具有海外背景独立董事组的回归结果，可以看出，独立董事内部薪酬差距（ABSDUMY和ABS）与企业风险承担水平的回归系数分别为0.0040和0.0007；列（2）和列（4）是不具有海外背景独立董事组的回归结果，可以看出，独立董事内部薪酬差距与企业风险承担水平的回归系数分别为0.0024和0.0005，具有海外背景独立董事组的系数明显较高，表明独立董事的海外背景对独立董事内部薪酬差距与企业风险承担水平两者之间有明显的促进作用。假设5-2得到经验证据的支持。

表5-6　独立董事是否具有海外背景分组回归结果

	(1)	(2)	(3)	(4)
	Oversea=1	Oversea=0	Oversea=1	Oversea=0
variable	*RTK*	*RTK*	*RTK*	*RTK*
ABSDUMY	0.0040**	0.0024		
	(2.00)	(1.57)		

variable	(1) Oversea=1 RTK	(2) Oversea=0 RTK	(3) Oversea=1 RTK	(4) Oversea=0 RTK
ABS			0.0007***	0.0005***
			(3.01)	(2.88)
Size	−0.0031***	−0.0058***	−0.0023*	−0.0107***
	(−3.05)	(−4.94)	(−1.89)	(−12.39)
Lev	−0.0133***	0.0072	−0.0008	0.0115***
	(−2.81)	(1.40)	(−0.14)	(3.03)
Age	0.0030*	0.0081***	0.0061***	0.0032***
	(1.84)	(5.89)	(3.65)	(3.02)
Roe	−0.0943***	−0.1154***	−0.0879***	−0.1074***
	(−15.08)	(−13.68)	(−7.60)	(−13.77)
Growth	0.0089***	0.0072***	0.0085***	0.0082***
	(6.40)	(4.70)	(3.96)	(5.33)
PPE	0.0057	−0.0083	0.0076	−0.0095**
	(1.11)	(−1.53)	(1.22)	(−2.48)
Dual	0.0017	0.0015	0.0014	0.0014
	(0.90)	(0.87)	(0.75)	(0.94)
Inder	−0.0053	−0.0049	−0.0064	−0.0035
	(−0.72)	(−0.83)	(−1.02)	(−0.70)
Board	−0.0060	−0.0057	−0.0063	−0.0007
	(−1.40)	(−1.56)	(−1.50)	(−0.22)
Shr5	0.0001***	0.0001***	0.0002***	0.0001**
	(2.60)	(2.69)	(3.59)	(2.20)
MH	−0.0016	0.0018	−0.0027	−0.0036
	(−0.43)	(0.51)	(−0.68)	(−1.34)

续表

	(1)	(2)	(3)	(4)
	Oversea=1	Oversea=0	Oversea=1	Oversea=0
variable	*RTK*	*RTK*	*RTK*	*RTK*
Cap	−0.0013**	−0.0011*	−0.0029***	0.0002
	(−2.07)	(−1.84)	(−3.58)	(0.43)
Year	Yes	Yes	Yes	Yes
Ind	Yes	Yes	Yes	Yes
_cons	0.1783***	0.2258***	0.1880***	0.2313***
	(10.48)	(10.05)	(10.84)	(10.25)
	(10.48)	(10.05)	(10.84)	(10.25)
N	4549	9286	4549	9286
R^2	0.1247	0.2318	0.1794	0.1340

四、内生性和稳健性检验

（一）内生性检验

内生性检验采用倾向得分匹配（Propensity Score Matching，PSM）。为了进一步缓解样本选择偏差与混杂变量等内生性对研究结论的影响，本书用最近邻匹配法对样本进行匹配，按照 1∶1 比例进行 PSM 配对，减少系统性偏差，在一定程度上可以解决内生性问题，更准确合理地反映所研究的问题。本书计算倾向得分，采用最小距离匹配方法为独立董事存在内部薪酬差距的样本进行匹配，即将实验组（存在内部薪酬差距）与对照组（不存在内部薪酬差距）进行匹配。

表 5-7 显示的是采用倾向得分匹配后的样本进行 OLS 回归的结果。列（1）—（2）列示了独立董事内部薪酬差距变量（ABSDUMY、ABS）与企业风险承担水平（RTK）在分别在 5%（b=0.0036,t=2.34）和 1%（b=0.0006,t=3.62）水平上显著正相关，表明独立董事内部薪酬差距激励可以提升企业风险承担水平。假设 5-1 仍然得到经验证据的支持。

表5-7 PSM方法配对后的稳健性检验

variable	(1) RTK	(2) RTK
ABSDUMY	0.0036**	
	(2.34)	
ABS		0.0006***
		(3.62)
Size	−0.0083***	−0.0087***
	(−10.57)	(−11.03)
Lev	0.0071**	0.0077**
	(2.04)	(2.21)
Age	0.0007	0.0005
	(0.55)	(0.41)
Roe	−0.1062***	−0.1060***
	(−23.72)	(−23.70)
Growth	0.0075***	0.0076***
	(6.93)	(7.06)
PPE	−0.0075*	−0.0066*
	(−1.93)	(−1.70)
Dual	0.0020	0.0019
	(1.35)	(1.31)
Inder	−0.0032	−0.0033
	(−0.66)	(−0.71)
Board	0.0047	0.0047
	(1.45)	(1.48)
Shr5	0.0001***	0.0001***
	(3.22)	(3.30)
MH	−0.0088***	−0.0089***
	(−2.99)	(−3.03)

续表

variable	(1)	(2)
	RTK	*RTK*
Cap	−0.0004	−0.0004
	(−0.87)	(−0.87)
_cons	0.2203***	0.2302***
	(16.38)	(16.75)
N	7382	7382
R^2	0.1238	0.1247

（二）变更被解释变量的衡量方式

变更被解释变量的衡量方式：首先，将总资产收益率（ROA）替换为净利润与总资产比值衡量企业风险承担水平（RTK2）；采用模型（5-1）对假设5-1进行混合OLS回归，结果列示于表5-8的列（1）—（2）。从列（1）的回归结果可以看出，独立董事内部薪酬差距虚拟变量（ABSDUMY）与企业风险承担水平（RTK2）在5％水平上显著正相关（b=0.0028,t=2.57）。第（2）列回归结果显示，独立董事内部薪酬差距（ABS）与企业风险承担水平在1％水平上显著为正（b=0.0006,t=4.85）。其次，本书进一步还尝试以股票月收益率的波动性衡量企业风险承担水平（RTK3），结果列示于表5-8的列（3）—（4），独立董事内部薪酬差距（ABSDUMY，ABS）与企业风险承担水平（RTK3）在1％的水平上显著正相关（b=0.2033,t=4.49; b=0.0309,t=5.23）；最后，以息税折旧摊销前利润（EBITDA）为基础计算的三年内 $ADJ\_ROA_{i,t}$ 的最大值和最小值之差来衡量企业风险承担水平（RTK4），回归结果列示于表5-8的列（5）—（6），独立董事内部薪酬差距（ABSDUMY，ABS）与企业风险承担水平（RTK4）在1％水平上显著正相关（b=0.0030,t=2.65; b=0.0007,t=5.01）。上述回归结果除了各变量系数大小有所差异外，均与表5-5基本无差异，说明结果依然稳健。

表5-8　变更被解释变量衡量方式的稳健性检验

variable	(1) RTK2	(2) RTK2	(3) RTK3	(4) RTK3	(5) RTK4	(6) RTK4
ABSDUMY	0.0028**		0.2033***		0.0030***	
	(2.57)		(4.49)		(2.65)	
ABS		0.0006***		0.0309***		0.0007***
		(4.85)		(5.23)		(5.01)
Size	−0.0042***	−0.0044***	−0.2047***	−0.2175***	−0.0043***	−0.0045***
	(−5.82)	(−6.09)	(−9.95)	(−10.45)	(−5.74)	(−6.02)
Lev	0.0046	0.0048	−0.6959***	−0.6800***	0.0033	0.0035
	(1.41)	(1.49)	(−7.21)	(−7.04)	(0.96)	(1.04)
Age	0.0074***	0.0073***	−0.5722***	−0.5769***	0.0083***	0.0082***
	(8.32)	(8.25)	(−14.73)	(−14.84)	(9.03)	(8.96)
Roe	−0.1107***	−0.1107***	1.5591***	1.5622***	−0.1048***	−0.1048***
	(−17.37)	(−17.40)	(12.94)	(13.01)	(−15.75)	(−15.77)
Growth	0.0073***	0.0074***	0.3659***	0.3696***	0.0080***	0.0081***
	(6.10)	(6.17)	(9.46)	(9.58)	(6.37)	(6.44)
PPE	−0.0025	−0.0021	−1.7917***	−1.7699***	−0.0036	−0.0032
	(−0.74)	(−0.62)	(−19.03)	(−18.79)	(−1.05)	(−0.92)
Dual	0.0014	0.0014	0.0439	0.0416	0.0015	0.0014
	(1.25)	(1.24)	(1.03)	(0.98)	(1.29)	(1.28)
Inder	−0.0050	−0.0071*	−0.0977	−0.0301	−0.0050	−0.0074*
	(−1.20)	(−1.92)	(−0.54)	(−0.19)	(−1.15)	(−1.91)
Board	−0.0057**	−0.0063***	−0.1289	−0.1116	−0.0062**	−0.0068***
	(−2.48)	(−2.77)	(−1.37)	(−1.21)	(−2.56)	(−2.86)
Shr5	0.0002***	0.0002***	0.0069***	0.0070***	0.0002***	0.0002***
	(5.50)	(5.57)	(5.81)	(5.90)	(5.10)	(5.17)
MH	0.0006	0.0007	0.6326***	0.6317***	0.0006	0.0007
	(0.28)	(0.31)	(6.07)	(6.06)	(0.28)	(0.31)

续表

variable	(1) RTK2	(2) RTK2	(3) RTK3	(4) RTK3	(5) RTK4	(6) RTK4
Cap	−0.0017***	−0.0017***	0.1119***	0.1121***	−0.0019***	−0.0019***
	(−3.90)	(−3.96)	(8.75)	(8.77)	(−4.17)	(−4.23)
Year	Yes	Yes	Yes	Yes	Yes	Yes
Ind	Yes	Yes	Yes	Yes	Yes	Yes
_cons	0.1911***	0.1983***	4.7687***	4.9194***	0.1973***	0.2053***
	(15.67)	(16.15)	(13.20)	(13.45)	(15.55)	(16.07)
N	13835	13835	13711	13711	13835	13835
R^2	0.2149	0.2157	0.3661	0.3662	0.1921	0.1931

（三）固定效应模型

为了缓解可能存在遗漏不随时间改变的固定因素问题，使用固定效应模型进一步检验独立董事内部薪酬差距（ABSDUMY、ABS）对企业风险承担水平（RTK）的影响。检验结果与表5-5的结论基本一致，说明回归结果具有一定的稳健性。

表5-9　固定效应模型

variable	(1) RTK	(2) RTK
ABSDUMY	0.0036***	
	(3.11)	
ABS		0.0007***
		(5.01)
Size	−0.0055***	−0.0057***
	(−9.10)	(−9.52)
Lev	−0.0066**	−0.0064**
	(−2.53)	(−2.43)
Age	0.0045***	0.0044***
	(4.79)	(4.69)

续表

variable	(1) RTK	(2) RTK
Roe	−0.1103***	−0.1103***
	(−33.25)	(−33.26)
Growth	0.0087***	0.0088***
	(10.77)	(10.89)
PPE	−0.0083***	−0.0077***
	(−2.86)	(−2.66)
Dual	0.0017	0.0017
	(1.58)	(1.56)
Inder	−0.0056	−0.0071*
	(−1.24)	(−1.77)
Board	−0.0055**	−0.0059**
	(−2.22)	(−2.44)
Shr5	0.0001***	0.0001***
	(3.25)	(3.32)
MH	0.0023	0.0024
	(1.06)	(1.09)
Cap	−0.0005	−0.0005
	(−1.48)	(−1.50)
Year	Yes	Yes
_cons	0.1809***	0.1883***
	(17.56)	(18.04)
N	13835	13835
R^2	0.1129	0.1139

（四）考虑独立董事个人特征因素

前文控制变量的选取主要是在公司层面筛选的变量来控制独立董事薪酬激励对企业风险承担水平的影响，考虑到独立董事个体特征的差异，在主回归模型中加入独立董事男性占比、独立董事平均年龄、独立董事平均任期和独立董事平均教育程度。当考虑独立董事个人特征后，在全样本和高于其年度行业中位数的高平均薪酬组的子样本中，独立董事内部薪酬差距（ABSDUMY、ABS）对提升企业风险承担水平（RTK）的作用依然显著，回归结果与表5-5基本一致，说明上述结论具有一定的稳健性。

表5-10　加入独立董事个人特征变量

variable	(1) RTK	(2) RTK
ABSDUMY	0.0023**	
	(2.02)	
ABS		0.0006***
		(4.39)
Size	−0.0042***	−0.0044***
	(−5.62)	(−5.86)
Lev	0.0031	0.0033
	(0.91)	(0.98)
Age	0.0082***	0.0082***
	(8.99)	(8.92)
Roe	−0.1016***	−0.1016***
	(−15.41)	(−15.44)
Growth	0.0080***	0.0081***
	(6.47)	(6.54)
PPE	−0.0020	−0.0017
	(−0.60)	(−0.49)
Dual	0.0013	0.0013
	(1.16)	(1.16)
Inder	−0.0044	−0.0073*
	(−1.03)	(−1.91)
Board	−0.0060**	−0.0068***
	(−2.52)	(−2.87)

variable	(1)	(2)
	RTK	RTK
Shr5	0.0002***	0.0002***
	(4.84)	(4.91)
MH	0.0005	0.0005
	(0.21)	(0.23)
Cap	−0.0017***	−0.0018***
	(−3.89)	(−3.95)
Dage	−0.0001	−0.0001
	(−0.93)	(−1.01)
Mannum	−0.0014	−0.0015
	(−0.69)	(−0.72)
Term	−0.0020***	−0.0019***
	(−5.06)	(−4.86)
Expert	−0.0001	−0.0001
	(−0.08)	(−0.16)
Year	Yes	Yes
Ind	Yes	Yes
_cons	0.2017***	0.2097***
	(15.30)	(15.74)
N	13835	13835
R^2	0.1895	0.1903

五、影响机制分析

(一) 中介效应检验步骤

诸多经济现象之间存在着错综复杂的关系，但是可以通过中介效应以抽丝剥茧的形式发现其中的相关性。本部分研究独立董事内部薪酬差距提升企业风险承担水平的作用路径。根据上述假设分析，通过管理层短视程度、独立董事勤勉度和独立董事投资意见的充分表达效果三条路径进行分析。

借鉴 Baron 和 Kenny（1986）[262]、温忠麟和叶宝娟（2014）[263]采用逐步法进行中介效应检验，想要验证的中介变量是 M，中介效应检验步骤如下所示：第一步，检验独立董事内部薪酬差距与企业风险承担水平之间的关系，即考察系数 α_1 的显著性，若 α_1 在统计上是显著时，继续第二步，否则停止检验。第二步，检验独立董事内部薪酬差距与中介变量之间的关系，即考察系数 β_1 的显著性，若 β_1 在统计上是显著时，继续第三步，否则停止检验。第三步，检验中介变量（M）对独立董事内部薪酬差距与企业风险承担水平的中介效应，即考察 γ_1 和 γ_2 的显著性，如果 γ_1 和 γ_2 都显著，则说明 M 属于部分中介效应，如果 γ_2 显著，γ_1 不显著，则说明 M 具体完全中介效应。

中介效应检验步骤如下图 5-2 所示：

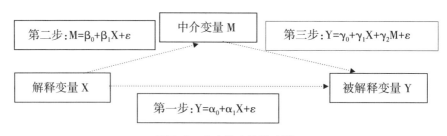

图 5-2　中介效应检验步骤

中介效应占比为 $\beta_1 * \gamma_2 / \alpha_1$。$\beta$ 和 γ 的乘积项不显著为零是中介效应占比存在前提条件，假如 β 和 γ 其中一个存在统计不显著时，乘积项依然存在显著的可能性，这种情况是逐步法无法检验的。Sobel（1982）[264]为了排除这种情况的出现，为了可以分别检验解释变量的显著性，以及中介变量系数乘积项的显著性，继而提出系数乘积检验法。Sobel 检验法（$H_0: \beta\gamma=0$）的统计式为：

$$Z = \frac{\hat{c} * \hat{b}}{S_{bc}}$$

公式中分母 $S_{bc} = \sqrt{\hat{c} * s_b^2 + \hat{b} * s_c^2}$，$\gamma$ 和 β 的估算值分别是 $\hat{b}$ 和 $\hat{c}$，S_c^2 和 S_b^2 分别是 β 和 γ 估计值的方差。Sobel 检验的零假设是 γ 和 β 的乘积为 0，如果统计结果显著则拒绝原假设，即 γ 和 β 都不为 0。

（二）中介检验实证结果

在上述研究中发现，激励充分的独立董事将显著增强其职能发挥的有效性，本书需要进一步了解加强独立董事内部薪酬差距激励是通过何种路径和影响机制来改善企业风险承担水平。根据温忠麟等（2004）[265]总结的中介效应检验程序，第一步独立董事内部薪酬差距（ABSDUMY、ABS）和企业风险承担水平（RTK）显著正相关，因此，接下来只需要进行独立董事内部薪酬差距与中介变量之间的关系，以及中介变量（M）对独立董事内部薪酬差距与企业风险承担水平的中介效应。

第一、管理层短视程度中介效应分析。

独立董事作为中小股东的代表，有义务维护公司长久发展和提升企业价值。适当提升风险承担水平有助于企业获得市场竞争地位，有益于企业长期发展。独立董事的专业知识可以提升企业在财务上的抗风险能力，保持研发投资的持续性和平滑性，还可以督促经理人通过创新来强化企业竞争力（马连福和高塬，2020）[269]，所以激励充分的独立董事能够更公正和客观地对公司管理层的短视行为进行监督，有效抑制管理层短视行为，进而提高企业风险承担水平。因此，本书预期，独立董事内部薪酬差距激励独立董事能够更公正和客观地对公司管理层的短视行为进行监督，有效抑制管理层短视行为，进而提高企业风险承担水平。管理层短视程度（Myopia）：借鉴曹国华等（2017）[270]、许荣和李从刚（2019）[271]的研究成果，采用研发支出与销售收入比值的相反数来衡量管理层短视程度，定义为Myopia。Myopia的数值与研发支出呈现相反的关系，Myopia越大说明研发支出越少，企业面临的管理层短视程度越严重。

表5-11列（1）报告了独立董事内部薪酬差距（ABSDUMY）与管理层短视（Myopia）之间的回归结果。可以看出，独立董事内部薪酬差距（ABSDUMY）与管理层短视程度（Myopia）的回归系数在10％水平上显著负相关关系（b=-0.2344,t=-1.72），表明独立董事存在内部薪酬差距可以抑制管理层短视。表5-11列（2）报告了加入中介因子，独立董事内部薪酬差距（ABSDUMY）与企业风险承担水平（RTK）的回归系数在1％水平上显著正相关（b=0.0031,t=2.55），管理层短视程度（Myopia）与企业风险承

担水平（RTK）的回归系数在10％水平上显著负相关（b=-0.0003,t=-1.88）。因此，可以表明管理层短视程度在独立董事内部薪酬差距与企业风险承担水平之间存在部分中介效应。表5-11列（3）报告了独立董事内部薪酬差距（ABS）与管理层短视（Myopia）之间的回归结果。可以看出，独立董事内部薪酬差距（ABS）与管理层短视程度（Myopia）的回归系数在10％水平上显著负相关关系（b=-0.0267,t=-1.85），表明独立董事内部薪酬差距可以激励独立董事履职，抑制管理层短视。表5-11列（4）报告了加入中介因子，独立董事内部薪酬差距（ABS）与企业风险承担水平（RTK）的回归系数在1％水平上显著正相关（b=0.0008,t=5.42），管理层短视程度（Myopia）与企业风险承担水平（RTK）的回归系数在10％水平上显著负相关（b=-0.0003,t=-1.90）。同时还报告了Sobel检验的结果，也证明了管理层短视的中介效应。因此，可以表明独立董事内部薪酬差距激励可以通过抑制管理层短视程度而促进企业风险承担水平的提高。

表5-11　管理层短视程度中介效应

variable	(1) Myopia	(2) RTK	(3) Myopia	(4) RTK
ABSDUMY	−0.2355*	0.0031**		
	(−1.72)	(2.55)		
ABS			−0.0267*	0.0008***
			(−1.85)	(5.42)
Myopia		−0.0003*		−0.0003*
		(−1.88)		(−1.90)
Size	0.6439***	−0.0035***	0.7328***	−0.0038***
	(8.22)	(−4.14)	(17.84)	(−4.49)
Lev	5.1188***	0.0040	5.1255***	0.0045
	(14.29)	(0.96)	(14.33)	(1.07)
Age	0.4984***	0.0063***	1.3497***	0.0062***
	(4.19)	(6.26)	(12.53)	(6.17)
Roe	3.6641***	−0.1278***	3.6681***	−0.1278***
	(4.43)	(−16.84)	(4.43)	(−16.88)

续表

variable	(1) Myopia	(2) RTK	(3) Myopia	(4) RTK
Growth	0.3638***	0.0086***	0.3929***	0.0087***
	(3.36)	(6.08)	(3.30)	(6.18)
PPE	4.1231***	−0.0055	4.1290***	−0.0051
	(9.97)	(−1.41)	(9.98)	(−1.29)
Dual	−0.3033***	0.0013	−0.7134***	0.0013
	(−2.96)	(1.15)	(−5.94)	(1.17)
Inder	−0.0175	−0.0057	−0.3408	−0.0099**
	(−0.04)	(−1.23)	(−0.90)	(−2.40)
Board	0.5739**	−0.0045*	1.1034***	−0.0057**
	(2.18)	(−1.86)	(3.95)	(−2.35)
Shr5	0.0281***	0.0001***	0.0281***	0.0001***
	(8.15)	(3.48)	(8.15)	(3.46)
MH	−0.5638**	−0.0005	−0.5621**	−0.0004
	(−2.54)	(−0.23)	(−2.53)	(−0.19)
Cap	−0.5829***	−0.0016***	−0.5837***	−0.0017***
	(−10.43)	(−3.08)	(−10.45)	(−3.13)
Year	Yes	Yes	Yes	Yes
Ind	Yes	Yes	Yes	Yes
_cons	−15.7518***	0.2047***	−24.8587***	0.2158***
	(−14.76)	(11.05)	(−22.80)	(11.62)
N	9762	9762	9762	9762
R^2	0.1642	0.2342	0.0870	0.2361
Sobel Z(p 值)	2.98(0.0029)		5.03(0.0000)	

　　独立董事履职效率的路径分析：独立董事参与公司治理，履行职能的过程是一个"黑匣子"，学术界试图打开这个"黑匣子"，目前只能通过上市公司现有公开披露的数据来测度独立董事的个人履职效率（郑志刚等，

2017）[134]。目前公开披露数据适合衡量履职效率的有独立董事参会次数和独立董事在董事会中发表的意见等，根据现有文献总结，本书从独立董事勤勉度（Attendance）和独立董事投资意见的充分表达效果（Opinion）两个维度指标来衡量独立董事个人层面的履职效率。

第二、独立董事勤勉度中介效应。

独立董事薪酬激励是影响独立董事履职的重要因素，而独立董事的薪酬差距是独立董事薪酬激励的重要表现。对多名独立董事的薪酬进行差别化设计在一定程度上可以有效激励其努力履行自己的职责，促使其为了获得较高层级的薪酬而做出更大努力。由于参加董事会会议可以在一定程度上反映独立董事努力的付出程度，参加董事会会议的次数越多，表明独立董事越勤勉工作，可以通过董事会会议更好地了解企业内部经营情况，对经理人的监督力度越大，有效约束代理人的懈怠行为，进而影响企业风险承担水平。根据已有研究，本书使用独立董事年度平均参与董事会会议的次数（Attendance）衡量独立董事勤勉度（谢雅璐，2016）[248]。

为了验证独立董事勤勉度在独立董事内部薪酬差距与企业风险承担水平之间存在中介效应，借鉴温忠麟等（2004）提出的中介效应验证方法。表5-12列（1）报告了独立董事内部薪酬差距（ABSDUMY）与独立董事勤勉度（Attendance）之间的OLS回归结果。可以看出，独立董事内部薪酬差距（ABSDUMY）与独立董事勤勉度（Attendance）存在显著正相关关系（b=0.6326,t=7.18），表明存在内部薪酬差距，更能激发独立董事参会意愿。表5-12列（2）报告了加入中介因子，独立董事内部薪酬差距（ABSDUMY）和与独立董事勤勉度（Attendance）分别与企业风险承担水平（RTK）存在显著正相关关系(b=0.0032,t=2.87; b=0.0003,t=2.55)，因此，可以表明独立董事参会意愿在独立董事内部薪酬差距与企业风险承担水平之间发挥着部分中介效应。表5-12列（3）报告了独立董事内部薪酬差距（ABS）与独立董事勤勉度（Attendance）之间的OLS回归结果。可以看出，独立董事内部薪酬差距（ABS）与独立董事勤勉度（Attendance）的回归系数在5％水平上显著正相关（b=0.0313,t=2.47），表明独立董事内部薪酬差距可以激发独立董事参会意愿。表5-12列（4）报告了加入中介因子，独立董事内部薪酬差距（ABS）和与独立董事勤勉度（Attendance）分别与企业风险承担水平（RTK）存在显著正相关关系（b=0.0007,t=5.00; b=0.0003，t=2.49），同时还报告了Sobel检验的结果，证明部分中介的结果成立。因此，可以表明内部薪酬差距可以通过激发独立董事参会意愿进而促进企业风险承担水平的提高。

表5-12 独立董事勤勉度中介效应

variable	(1) Attendance	(2) RTK	(3) Attendance	(4) RTK
ABSDUMY	0.6326***	0.0032***		
	(7.18)	(2.87)		
ABS			0.0313**	0.0007***
			(2.47)	(5.00)
Attendance		0.0003**		0.0003**
		(2.55)		(2.49)
Size	0.6389***	−0.0045***	0.6509***	−0.0048***
	(11.97)	(−6.10)	(12.15)	(−6.38)
Lev	3.1068***	0.0025	3.1111***	0.0028
	(16.50)	(0.73)	(16.46)	(0.82)
Age	−0.2628***	0.0082***	−0.2657***	0.0081***
	(−3.58)	(8.95)	(−3.61)	(8.87)
Roe	−1.0637***	−0.1014***	−1.0611***	−0.1014***
	(−4.02)	(−15.33)	(−4.01)	(−15.36)
Growth	0.3464***	0.0081***	0.3426***	0.0081***
	(5.49)	(6.49)	(5.43)	(6.57)
PPE	−3.2047***	−0.0011	−3.1912***	−0.0007
	(−13.78)	(−0.32)	(−13.68)	(−0.20)
Dual	0.0643	0.0014	0.0751	0.0014
	(0.83)	(1.27)	(0.96)	(1.26)
Inder	−6.8158***	−0.0031	−7.9715***	−0.0049
	(−21.41)	(−0.71)	(−28.16)	(−1.25)

续表

variable	(1) Attendance	(2) RTK	(3) Attendance	(4) RTK
Board	−2.8459***	−0.0053**	−3.1333***	−0.0058**
	(−15.46)	(−2.17)	(−17.29)	(−2.40)
Shr5	−0.0205***	0.0002***	−0.0205***	0.0002***
	(−8.30)	(5.03)	(−8.30)	(5.09)
MH	0.8988***	0.0002	0.8978***	0.0002
	(6.08)	(0.08)	(6.06)	(0.11)
Cap	0.1413***	−0.0018***	0.1394***	−0.0018***
	(4.63)	(−4.00)	(4.56)	(−4.06)
Year	Yes	Yes	Yes	Yes
Ind	Yes	Yes	Yes	Yes
_cons	1.3519	0.1949***	2.0845**	0.2023***
	(1.57)	(15.44)	(2.40)	(15.93)
N	13834	13834	13834	13834
R^2	0.2345	0.1882	0.2319	0.1891
Sobel Z(p 值)	2.63(0.0084)		3.95(0.0000)	

第三、独立董事投资意见的充分表达效果中介效应。

独立董事对投资等重大事项发表独立的意见是其履职行为的重要表现。独立董事内部薪酬差距能够激励员工更加积极地工作以获取较高的薪酬，于是获得高额薪酬的独立董事会积极履行自己应尽的职责，以及目前处于低薪酬的独立董事为了追赶高薪酬和争取下次任职可以获得高薪酬的机会，他们都会努力表现，对公司投资收购等重大事项发表独立意见，承担重要的财务监督职责，积极给予专业的指导和投资建议。总体而言，独立董事内部薪酬差距可以促使独立董事对投资意见的充分表达，独立董事投资意见的充分表达会提高经理人对投资机会的把握能力，进而促进企业风险承担水平。本书使用年内独立董事针对投资收购事项提出的意见数量（Opinion）作为独立董事投资意见的充分表达效果。

　　表5-13列（1）报告了独立董事内部薪酬差距（ABSDUMY）与对企业投资收购给予意见的数量之间的OLS回归结果。可以看出，独立董事内部薪酬差距（ABSDUMY）与独立董事投资意见数量（Opinion）存在显著正相关关系（b=0.0019,t=2.91），表明存在内部薪酬差距，更能激发独立董事发表投资建议。表5-13列（2）报告了加入中介因子，独立董事内部薪酬差距（ABSDUMY）和独立董事投资意见数量（Opinion）分别与企业风险承担水平（RTK）存在显著正相关关系(b=0.0031,t=2.71; b=0.0048,t=2.40)，因此，可以表明内部薪酬差距可以通过激发独立董事积极给予专业的投资建议进而促进企业风险承担水平的提高。表5-13列（3）报告了独立董事内部薪酬差距（ABS）与独立董事对企业投资收购给予意见的数量之间的OLS回归结果。可以看出，独立董事内部薪酬差距（ABS）与独立董事投资意见数量（Opinion）存在显著正相关关系（b=0.0018,t=2.90）。表5-13列（4）报告了加入中介因子，独立董事内部薪酬差距（ABS）和与独立董事投资意见数量（Opinion）分别与企业风险承担水平（RTK）存在显著正相关关系（b=0.0007,t=4.93; b=0.0048,t=2.38）。同时还报告了Sobel检验的结果，证明独立董事投资意见的充分表达效果部分中介效应的结果成立。因此，可以表明独立董事内部薪酬差距激励可以通过增加独立董事参与企业投资战略的制定并给予充分的建议，提高对投资机会的把握能力，进而促进企业风险承担水平的提高。

表5-13　独立董事投资意见的充分表达效果中介效应

variable	(1) Opinion	(2) RTK	(3) Opinion	(4) RTK
ABSDUMY	0.0019***	0.0031***		
	(2.91)	(2.71)		
ABS			0.0018***	0.0007***
			(2.90)	(4.93)
opinion		0.0048**		0.0048**
		(2.40)		(2.38)

variable	(1) Opinion	(2) RTK	(3) Opinion	(4) RTK
Size	−0.0025	−0.0043***	−0.0027	−0.0046***
	(−0.99)	(−5.88)	(−1.05)	(−6.16)
Lev	0.0582***	0.0031	0.0584***	0.0034
	(4.85)	(0.91)	(4.88)	(0.99)
Age	−0.0111***	0.0082***	−0.0112***	0.0081***
	(−2.72)	(8.93)	(−2.74)	(8.86)
Roe	0.0412***	−0.1019***	0.0412***	−0.1019***
	(2.81)	(−15.42)	(2.81)	(−15.45)
Growth	0.0125***	0.0081***	0.0125***	0.0082***
	(3.15)	(6.54)	(3.17)	(6.62)
PPE	−0.0532***	−0.0017	−0.0529***	−0.0013
	(−4.20)	(−0.50)	(−4.18)	(−0.38)
Dual	0.0095*	0.0014	0.0095*	0.0014
	(1.88)	(1.25)	(1.88)	(1.24)
Inder	0.0004	−0.0051	−0.0026	−0.0071*
	(0.02)	(−1.17)	(−0.14)	(−1.85)
Board	−0.0224**	−0.0059**	−0.0232**	−0.0065***
	(−2.14)	(−2.49)	(−2.33)	(−2.76)
Shr5	−0.0000	0.0002***	−0.0000	0.0002***
	(−0.34)	(4.86)	(−0.33)	(4.92)
MH	0.0485***	0.0002	0.0485***	0.0003
	(4.09)	(0.09)	(4.09)	(0.12)
Cap	0.0027	−0.0018***	0.0027	−0.0018***
	(1.61)	(−3.95)	(1.59)	(−4.01)
Year	Yes	Yes	Yes	Yes
Ind	Yes	Yes	Yes	Yes
_cons	0.1033**	0.1948***	0.1108***	0.2023***
	(2.42)	(15.43)	(2.59)	(15.93)

续表

variable	(1) Opinion	(2) RTK	(3) Opinion	(4) RTK
N	13835	13835	13835	13835
R^2	0.0284	0.1882	0.0284	0.1891
Sobel Z(p值)	2.60(0.0092)		3.94(0.0000)	

六、拓展性分析：内部薪酬差距程度的考察

对内部薪酬差距程度的考察，探究内部薪酬差距与企业风险承担水平是否存在非线性效应。虽然内部薪酬差距可以促进企业的风险承担水平的提升，但这一结果有可能仅仅是反映出两者之间的净效应。因此，对独立董事内部薪酬差距经济后果研究仍然是存在竞争性解释。锦标赛理论支持扩大薪酬差距，更加激励员工参与创新活动，提升企业风险承担水平。然而，公平理论则认为，个体在比较的过程中往往会主观高估自身投入，随着客观内部薪酬差距的增大，过大的薪酬差距会让个体认为自己的投入回报比低于其他人，导致不公平感和被剥夺感将越发强烈，进而引发个体的消极情绪与行为，不利于企业创新活动，进而抑制企业风险承担水平。

基于锦标赛理论和公平理论对竞争性的解释，本书进一步对薪酬差距与企业风险承担水平的正效应进行剖析，进一步探究是否存在非线性效应（孔东民等，2017）[278]。为了进一步探究不同水平的薪酬差距是否会引发独立董事薪酬公平性问题，于是，将本书独立董事内部薪酬差距进行分组检验。剔除掉不存在薪酬差距的样本，即筛选掉薪酬差距等于零的样本，将剩下独立董事内部薪酬差距按照从小到大分成三组，薪酬差距较小、薪酬差距中间和薪酬差距较大的三组样本，进行模型5-1的回归，结果如表5-14所示。表5-14的第（1）列可以发现，在独立董事内部薪酬差距较小的组，独立董事内部薪酬差距与企业风险承担水平的估计系数为负，但不显著（b=-0.0006,t=-0.59）。表5-14的第（2）列可以发现，在独立董事内部薪酬差距中间的组中系数也为负，但也不显著（b=-0.0008,t=-0.49）。表5-14的第（3）列可以发现，而在独立董事内部薪酬差距较大的组中，独

立董事内部薪酬差距与企业风险承担水平的回归系数显著为正（b=0.0015，t=3.40）。综上可知，锦标赛理论在解释独立董事内部薪酬差距对企业风险承担水平的影响中占支配地位，表明独立董事内部薪酬差距与企业风险承担水平的线性关系是相对可靠的。

表5-14 不同程度的内部薪酬差距与企业风险承担水平

variable	(1) 薪酬差距小	(2) 薪酬差距中	(3) 薪酬差距大
ABS	−0.0006	−0.0008	0.0015***
	(−0.59)	(−0.49)	(3.40)
Size	−0.0095***	−0.0019	−0.0056***
	(−5.22)	(−1.17)	(−3.43)
Lev	0.0321***	−0.0002	−0.0009
	(4.43)	(−0.03)	(−0.12)
Age	0.0086***	0.0073***	0.0039
	(3.17)	(3.15)	(1.58)
Roe	−0.0889***	−0.1244***	−0.1155***
	(−9.44)	(−15.02)	(−13.95)
Growth	0.0052***	0.0086***	0.0096***
	(2.68)	(4.52)	(4.53)
PPE	0.0016	0.0020	−0.0096
	(0.19)	(0.25)	(−1.11)
Dual	0.0035	−0.0003	0.0070**
	(1.18)	(−0.13)	(2.56)
Inder	−0.0116	−0.0045	0.0053
	(−1.34)	(−0.53)	(0.58)
Board	−0.0036	−0.0110*	0.0004
	(−0.52)	(−1.79)	(0.06)
Shr5	0.0003***	0.0002**	0.0000
	(3.62)	(2.19)	(0.39)

续表

variable	(1) 薪酬差距小	(2) 薪酬差距中	(3) 薪酬差距大
MH	−0.0049	−0.0006	−0.0079
	(−0.79)	(−0.13)	(−1.39)
Cap	−0.0022**	−0.0035***	−0.0016
	(−2.01)	(−3.68)	(−1.52)
Year	Yes	Yes	Yes
Ind	Yes	Yes	Yes
_cons	0.2936***	0.2073***	0.2747***
	(9.32)	(6.95)	(9.32)
N	1975	1935	1952
R^2	0.2457	0.2289	0.2331

七、进一步分析：异质性分析

接下来进行异质性分析，结合中国情景和公司内部制衡机制对独立董事内部薪酬差距与企业风险承担水平的关系进行分类检验，主要从产权性质、股权集中度和CEO权力三方面进行异质性分析。

（一）产权性质（State）

所有权性质差异对中国上市公司的发展至关重要。产权性质是研究薪酬机制问题时一个非常重要的视角。所有权差异会导致上市公司面临不同的代理问题，因而独立董事监督代理问题的侧重点也有所差异（Lei等，2013）[279]。因此，本书考察不同产权性质下，独立董事内部薪酬差距对企业风险承担水平的影响是否存在差异。首先，国有企业本身就具有政治色彩，受政府干预为了实现政府的社会稳定目标，往往会规避甚至放弃投资高风险项目（余明桂等，2013）[11]。因此，国有企业本身存在风险承担不足的问题。其次，由于不同所有制企业制定薪酬政策的依据可能有所差别，国企高管的薪酬一般都是由政府部门制定，比如政府对国企实施"限薪令"，而对民营企业并无此约束。此外，国企与民企在高管人员选聘和人员流动性等制度方面也存在显著的差异（栾甫贵和纪亚方，2020）[280]。综上所述，相比于国有企业，民营企业独立董事对薪酬的敏感性更强，激励效果更好。

为了检验所有权性质的异质性作用，我们利用模型5-1进行分组检验，回归结果见表5-15。表5-15的列（1）和列（3）中的国有企业独立董事内部薪酬差距（ABSDUMY、ABS）与企业风险承担水平的回归系数都为正，但是均不具有统计上的显著性（b=0.0018,t=1.15；b=0.0003,t=1.54）。表5-15的列（2）和列（4）中的民营企业独立董事内部薪酬差距（ABSDUMY、ABS）与企业风险承担水平的回归系数分别在5％和1％的水平上显著正相关（b=0.0037,t=2.05；b=0.0008,t=3.38）。即在民营企业中，独立董事内部薪酬差距对企业风险承担水平具有显著的促进作用，验证了本书的假设，说明锦标赛理论发挥了主导作用。

表5-15　产权性质分组回归结果

	(1)	(2)	(3)	(4)
	State=1	State=0	State=1	State=0
variable	*RTK*	*RTK*	*RTK*	*RTK*
ABSDUMY	0.0018	0.0037**		
	(1.15)	(2.05)		
ABS			0.0003	0.0008***
			(1.54)	(3.38)
Size	−0.0015*	−0.0096***	−0.0016*	−0.0074***
	(−1.67)	(−9.08)	(−1.82)	(−6.80)
Lev	−0.0008	0.0020	−0.0006	0.0078*
	(−0.21)	(0.48)	(−0.15)	(1.82)
Age	0.0106***	0.0078***	0.0105***	0.0110***
	(6.84)	(5.31)	(6.76)	(7.22)
Growth	0.0093***	0.0096***	0.0093***	0.0086***
	(7.71)	(8.22)	(7.76)	(7.50)

	(1)	(2)	(3)	(4)
	State=1	State=0	State=1	State=0
variable	RTK	RTK	RTK	RTK
PPE	0.0171***	−0.0149***	0.0172***	−0.0075
	(4.11)	(−2.78)	(4.15)	(−1.29)
Dual	0.0034*	−0.0012	0.0034*	−0.0020
	(1.69)	(−0.82)	(1.70)	(−1.40)
Inder	0.0022	−0.0126*	0.0022	−0.0139**
	(0.34)	(−1.83)	(0.37)	(−2.31)
Board	−0.0071**	−0.0021	−0.0071**	−0.0012
	(−2.08)	(−0.53)	(−2.11)	(−0.31)
Shr5	0.0001**	0.0002***	0.0001**	0.0003***
	(2.38)	(4.95)	(2.41)	(6.15)
MH	0.0162	0.0004	0.0153	−0.0002
	(0.92)	(0.14)	(0.86)	(−0.08)
Cap	−0.0024***	0.0003	−0.0024***	−0.0011*
	(−4.20)	(0.50)	(−4.22)	(−1.80)
Year	Yes	Yes	Yes	Yes
Ind	Yes	Yes	Yes	Yes
_cons	0.1211***	0.2718***	0.1245***	0.2367***
	(8.35)	(14.42)	(8.37)	(11.91)
N	5125	6147	5125	6147
R^2	0.2022	0.1725	0.2024	0.2017

（二）股权集中度（Shr5）

从股权结构来看，持股比例较高的控股股东有足够的能力和动力直接监督公司管理层（Shleifer 和 Vishny，1986；林浚清等，2003）[281,277]。因而，公司股权较为集中时，能够避免股东之间的"搭便车"行为，避免股东无效格局的出现（Grossman 和 Hart，1986）[282]。这减少了对独立董事等外部监督机制的依赖，从而限制了管理层的机会主义行为。相反，当公司股权集中度较为分散时，股东亲自监督就会无效，此时，独立董事制度可以成为股东监督的替代机制。Baran 和 Forst（2015）发现股权分散时，管理层会控制董事会，会聘任更少的独立董事，以减弱董事会独立性[283]。因此，独立董事发挥监督机制可以抑制股权较为分散企业的机会主义行为，有助于缓解"第一类代理问题"。综上所述，相比于股权集中的企业，独立董事内部薪酬差距对企业风险承担水平的影响在股权分散的企业中更显著。

为了检验股权集中度的异质性作用，我们利用模型5-1进行分组检验，结果列示于表5-16。从表5-16的第（1）—（2）列结果显示，当企业股权集中高度较高时，独立董事薪酬内部薪酬差距（ABSDUMY）与企业风险承担水平并不存在显著正相关关系（b=0.0024,t=1.47）。当企业股权集中度较为分散时，独立董事薪酬内部薪酬差距（ABSDUMY）与企业风险承担水平在5％的水平上显著正相关（b=0.0033,t=2.03）。表5-16的第（3）—（4）列展示了独立董事薪酬内部薪酬差距（ABS）与企业风险承担水平的分组回归结果。当企业股权集中高度较高时，独立董事薪酬内部薪酬差距（ABS）与企业风险承担水平在10％的水平上显著正相关（b=0.0004,t=1.84），当企业股权集中度较为分散时，独立董事薪酬内部薪酬差距（ABS）与企业风险承担水平在1％的水平上显著正相关（b=0.0008,t=3.93），并且通过了组间系数差异性检验（Chi^2Test=2.98,p=0.0840）。上述回归结果显示，在股权集中度低时，独立董事薪酬内部薪酬差距的回归系数（ABSDUMY、ABS）更大。说明在公司股权集中度较为分散时，即股东亲自监督无效的情况下，薪酬差距激励更能督促独立董事发挥监督管理层的作用。

表5-16　股权集中度分组回归结果

	(1)	(2)	(3)	(4)
	Shr5=1	Shr5=0	Shr5=1	Shr5=0
variable	*RTK*	*RTK*	*RTK*	*RTK*
ABSDUMY	0.0024	0.0033**		
	(1.47)	(2.03)		

续表

variable	(1)	(2)	(3)	(4)
	Shr5=1	Shr5=0	Shr5=1	Shr5=0
	RTK	*RTK*	*RTK*	*RTK*
ABS			0.0004*	0.0008***
			(1.84)	(3.93)
Size	−0.0082***	−0.0049***	−0.0083***	−0.0053***
	(−10.48)	(−5.30)	(−10.61)	(−5.63)
Lev	0.0098***	0.0049	0.0100***	0.0052
	(2.73)	(1.27)	(2.79)	(1.36)
Age	0.0022*	0.0061***	0.0022*	0.0060***
	(1.84)	(4.09)	(1.79)	(4.02)
Roe	−0.0785***	−0.1131***	−0.0784***	−0.1130***
	(−15.75)	(−25.45)	(−15.75)	(−25.47)
Growth	0.0108***	0.0042***	0.0109***	0.0043***
	(10.63)	(3.18)	(10.69)	(3.23)
PPE	0.0083**	−0.0108**	0.0086**	−0.0102**
	(2.10)	(−2.29)	(2.17)	(−2.18)
Dual	0.0009	0.0010	0.0009	0.0010
	(0.60)	(0.69)	(0.58)	(0.69)
Inder	−0.0001	−0.0095	0.0006	−0.0131**
	(−0.01)	(−1.45)	(0.11)	(−2.23)
MH	−0.0002	−0.0081**	−0.0002	−0.0080**
	(−0.08)	(−2.00)	(−0.09)	(−1.97)
Cap	0.0004	−0.0027***	0.0004	−0.0027***
	(0.86)	(−4.95)	(0.83)	(−4.96)
Year	Yes	Yes	Yes	Yes
Ind	Yes	Yes	Yes	Yes
_cons	0.1943***	0.2283***	0.1970***	0.2386***
	(14.18)	(13.81)	(14.16)	(14.26)

续表

	（1）	（2）	（3）	（4）
	Shr5=1	Shr5=0	Shr5=1	Shr5=0
variable	*RTK*	*RTK*	*RTK*	*RTK*
N	6971	6864	6971	6864
R^2	0.1746	0.2137	0.1750	0.2150

（三） CEO权力（Power）

在现代企业管理制度体系下，CEO处于管理层整体架构中的核心地位，是公司内部经营管理的最高责任人，控制着公司的日常经营决策、掌握了资本配置决策权和战略决议的最终执行权。两权分离日益普遍的现实情境下，管理层权力过大会引发管理者利用权力谋取私利、在职消费等行为，缺乏有效的制衡机制会阻碍董事会的治理作用。当CEO权力难以受到制约时，他们按照自身偏好行使权力的可能性就越大。基于管理层的风险规避效应，CEO权力越大，公司风险承担水平可能越低。其次，CEO权力越大，越有可能影响董事会的独立判断能力和最终的决策（Dalton和Kesner，1987）[284]，较高的CEO权力会削弱独立董事在董事会中的话语权，削弱公司内部治理机制的有效性，形成"一人当权"的管理局面，因此，CEO的偏好也将会对董事会产生影响（Boyd，1994）[285]。因此，公司CEO权力的差异会影响独立董事作用的发挥。综上所述，相比于CEO权力大的企业，独立董事内部薪酬差距对企业风险承担水平的影响在CEO权力小的企业中更显著。

为了检验CEO权力异质性的影响，我们利用模型5-1进行分组检验，结果列示于表5-17。从表5-17的第（1）—（2）列结果显示，当企业CEO权力较大时，独立董事薪酬内部薪酬差距（ABSDUMY）与企业风险承担水平之间并不存在显著正相关关系（b=0.0022,t=1.41）。当企业CEO权力较小时，独立董事薪酬内部薪酬差距（ABSDUMY）与企业风险承担水平在5％水平上显著正相关（b=0.0046,t=1.98）。表5-17的第（3）—（4）列展示了独立董事薪酬内部薪酬差距（ABS）与企业风险承担水平的分组回归结果。当企业CEO权力较大时，独立董事薪酬内部薪酬差距（ABS）

与企业风险承担水平在5％的水平上显著正相关（b=0.0004,t=2.04），当企业CEO权力较小时，独立董事薪酬内部薪酬差距（ABS）与企业风险承担水平在1％水平上显著正相关（b=0.00011,t=3.77），并且通过了组间系数差异性检验（Chi²Test=3.84,p=0.0499）。上述回归结果显示，在CEO权力较小时，独立董事薪酬内部薪酬差距的回归系数（ABSDUMY、ABS）更大。说明在CEO权力小时，独立董事更能发挥其监督和咨询作用。

表5-18　CEO权力分组回归结果

	(1)	(2)	(3)	(4)
	Power=1	Power=0	Power=1	Power=0
variable	*RTK*	*RTK*	*RTK*	*RTK*
ABSDUMY	0.0022	0.0046**		
	(1.41)	(1.98)		
ABS			0.0004**	0.0011***
			(2.04)	(3.77)
Size	−0.0030***	−0.0051***	−0.0031***	−0.0055***
	(−3.18)	(−4.03)	(−3.32)	(−4.33)
Lev	−0.0080**	0.0062	−0.0079**	0.0066
	(−2.07)	(1.20)	(−2.03)	(1.29)
Age	0.0067***	0.0077***	0.0067***	0.0075***
	(5.07)	(4.01)	(5.06)	(3.93)
Roe	−0.1331***	−0.0944***	−0.1331***	−0.0946***
	(−28.19)	(−15.14)	(−28.20)	(−15.19)
Growth	0.0069***	0.0122***	0.0069***	0.0122***
	(5.14)	(8.63)	(5.18)	(8.71)
PPE	−0.0117**	0.0070	−0.0115**	0.0075
	(−2.47)	(1.19)	(−2.43)	(1.28)
Dual	0.0021	0.0082**	0.0021	0.0081**
	(1.62)	(2.37)	(1.64)	(2.33)

	(1)	(2)	(3)	(4)
	Power=1	Power=0	Power=1	Power=0
variable	*RTK*	*RTK*	*RTK*	*RTK*
Inder	−0.0140**	0.0036	−0.0142**	−0.0002
	(−2.25)	(0.40)	(−2.57)	(−0.03)
Board	−0.0089**	0.0089*	−0.0090**	0.0079*
	(−2.50)	(1.84)	(−2.57)	(1.68)
Shr5	0.0002***	0.0000	0.0002***	0.0000
	(3.68)	(0.68)	(3.65)	(0.76)
MH	0.0033	0.0014	0.0033	0.0012
	(1.36)	(0.24)	(1.36)	(0.20)
Cap	−0.0008	−0.0037***	−0.0008	−0.0037***
	(−1.43)	(−5.05)	(−1.48)	(−5.07)
Year	Yes	Yes	Yes	Yes
Ind	Yes	Yes	Yes	Yes
_cons	0.1824***	0.2018***	0.1863***	0.2140***
	(11.30)	(9.05)	(11.39)	(9.53)
N	5953	3648	5953	3648
R^2	0.2325	0.2039	0.2328	0.2062

本章小结

独立董事的履职意愿会对董事会的治理效应产生明显的影响，如何激励独立董事积极发挥履职效率，提升董事会的决策效率，是学者关注的重点话题之一。货币薪酬作为一项最主要且最重要的独立董事履职回报方式，实际上，近些年资本市场上独立董事薪酬也在不断发生变化，部分上市公司也根据独立董事实际付出的努力程度，为企业经营活动中给予的贡献度，以及承担的潜在风险不同，为同一公司中不同独立董事制定了差别化的薪酬。差别化薪酬是否能够缓解管理层短视行为、提高企业风险承担水平？为了解决上述问题，本章节以2009—2019年中国A股上市公司样本，从企业风险承担水平的视角研究了独立董事内部薪酬差距激励的资本市场溢出效应。

研究结果显示：（1）首先，以独立董事内部薪酬差距为视角研究了独立董事薪酬激励企业风险承担水平的影响。实证结果发现，独立董事是否存在内部薪酬差距哑变量和独立董事内部薪酬差距与企业风险承担水平正相关关系，总体上说明独立董事内部薪酬差距对于企业风险承担水平具有正向的激励作用；其次，具有海外背景的独立董事对独立董事内部薪酬差距和企业风险承担水平两者之间的影响，发现独立董事海外背景可以增强两者之间的正相关关系。（2）企业风险承担不足的一个重要因素就是管理层短视，而独立董事发挥其监督作用可以在一定程度上缓解管理层短视；独立董事积极参加董事会议、基于股东利益对重要投资项目提出建议，可以督促管理层提高对投资机会的把握能力。机制检验中发现，独立董事内部薪酬差距可以促进独立董事履职、缓解管理层短视行为，进而提升企业风险承担水平。说明基于锦标赛理论的内部薪酬差距对独立董事具有显著的激励作用，不仅有助于激发独立董事履职意愿，进而还有助于提升独立董事的履职成效。（3）进一步研究发现，首先，按照独立董事内部薪酬差距程度进行分析后，在独立董事内部薪酬差距促进企业风险承担水平的提高仅在内部薪酬差距大的组，且显著正相关，而在内部薪酬差距居中组和内部薪酬差距较小组不具有显著作用。这进一步说明扩大独立董事内部薪酬差距提升独立董事履职行为；其次，还从产权性质进行分组，探讨了独立董事内部薪酬差距的激励作用在国企与非国企对企业风险承担水平影响效应的异质性。结果发现，民营企业中独立董事内部薪酬差距对风险承担水平的正向影响更显著；再次，进一步针对股权集中度进行分组，探讨了独立董事薪酬内部薪酬差距提升企业风险承担水平在股权分散组和股权集中组之间的差异。结果发现，在股权较为分散组中，独立董事内部薪酬差距对风险承担水平的影响更显著，说明独立董事发挥监督机制可以更好地抑制股权分散企业的机会主义行为，有助于缓解"第一类代理问题"；最后，基于CEO权力大小分组，独立董事内部薪酬差距显著提升了企业风险承担水平在CEO权力较小企业中更显著。说明较高的CEO权力会削弱独立董事在董事会中的话语权，削弱公司内部治理机制的有效性。

第六章
独立董事外部薪酬差距
对企业风险承担水平的影响

本章研究的重点延展到同行业之间独立董事的薪酬比较。我国上市公司独立董事在基于同行业薪酬比较基准后,是否会产生"获益"抑或"损失"的状态,进而引发一系列的经济后果。例如,万科2018年召开的第一次股东大会,万科董秘朱旭在会议中针对独立董事薪酬发表了建议。他将恒大等上市公司独立董事薪酬水平与万科独立董事薪酬水平进行了比较,据数据统计恒大2016年独立董事税前薪酬大约在40~86.5万元不等,相比之下,万科的独立董事薪酬差距甚远,于是朱旭认为应该提升独立董事薪金,他建议由税前每月2.5万元提高到5万元。由此可见,上市公司独立董事薪酬会作为同行业企业的参考,那么同行业之间的独立董事薪酬巨大差别引起了学术界的思考,不同水平的薪酬设计是否合理?这种差距是否会引起独立董事的不适?对独立董事的职能发挥是否有影响?

公平理论认为个体总会自觉或者不自觉地将自己付出的辛苦代价及其获得的劳务报酬与参与对象进行比较,基于此判断自己是否被公平对待,从而形成感知的公平性。基于公平理论以及相对剥削理论衍生而来的社会比较理论。社会比较理论认为,社会个体往往存在一种自我评价的动力,简单来说,实质上就是进行人与人之间的比较,并对自身价值的公平与否做出相应的判断。但是社会个体在进行比较时,往往会出现脱离客观实际的现象,因为个体不能完全掌握比较对象的付出与所得,而个体总是不自觉地过高评价自己的付出与贡献,低估自己的收入,主观评价导致比较过程失去客观标准,进而主观上形成一种未被公平对待的感知和被剥削感,继而会对个体工作的积极性产生影响,引发一系列的消极反应。从社会比较理论具体运用来看,上市公司董事会并非是盲目地制定高管薪酬,也是需要一定的参考基准为依据来制定合理、客观以及公正的薪酬标准,上市公司高管薪酬参考基准一般是指同行业的薪酬水平。高管倾向于将自己的薪酬与从事同类行业高管的薪酬进行比较,从而形成薪酬的外部公平感。因此,上市公司高管的工作积极性并非完全受薪酬水平高低以及支付方式的影响,还会受到自我感知薪酬的分配是否公平所影响。简而言之,薪酬的外部公平性会对高管个人行为、企业战略选择及经营策略乃至社会整体运行产生重要影响。纵观现有的研究成果,我国薪酬外部公平性研究对象主要集中于公司高管,忽略了独立董事这一特殊的人群。

综上可知，独立董事外部薪酬差距也是值得我们关注的话题。基于此，本章以2009-2019年沪深两市A股上市公司为样本，考察独立董事外部薪酬差距对企业风险承担水平的影响。

第一节 理论分析与研究假设提出

事实上，资本市场中独立董事薪酬的外部差距也逐渐显现，根据上市公司2017年年报披露显示，民生银行的独立董事薪酬高达近百万，但森霸股份的独立董事只有五百元，这种巨大的外部差距可能也会严重影响独立董事履职的积极性[①]。计划经济体制下的平均主义不利于提高员工工作的积极性、主动性和创造性，1978年以后，市场经济体制下追求的是效率，由此拉开了员工的薪酬差距，平均主义也被打破。但是，这种过度追求效率也带来了一些问题，比如不同行业的薪酬差距拉大等。所以，在全面深化改革的进程中，必须坚持效率优先、兼顾公平的原则，全面看待薪酬差距的公平和效率的关系。

公司董事会在制定薪酬时会考虑到同一行业、类似规模和地理相邻公司董事的薪酬水平作为比较基准（Bizjak等，2008；李维安等，2010）[286-287]。效率工资理论认为，支付给经理人的薪酬水平与其所付出的生产力是呈正相关的，当企业支付给经理人的薪酬水平显著高于市场同行业平均薪酬水平时，会对经理人起到激励与约束的双重作用，激励经理人会提高自身的努力程度，也可以约束经理人的偷懒行为。当支付给经理人的薪酬水平低于参照点薪酬的公司高管更容易出现在职消费的情况，也更容易出现高管的离职变更（徐细雄和谭瑾，2014）[288]。具有专业知识与丰富的实践经验的独立董事也是非常稀缺的，独立董事也是理性的经济人，也会进行薪酬比较。因此，上市公司为了吸引和留任优秀的独立董事，通常会提供与其自身人力价值相符的薪酬水平。由于上市公司难以客观、公

[①] http://finance.sina.com.cn/chanjing/cyxw/2018-04-29/doc-ifzvpatq7066150.shtml.

正的对人力资本进行定价，因此，行业基准薪酬往往是董事会在制定独立董事薪酬水平时关键的参考标准。

现代企业实质就是一系列不完全契约的有机组合，一切经济活动都按照契约进行，企业通过契约在市场中进行交易，进而获得相应的利润。风险与收益并存，高收益的项目必然存在更高的不确定性与风险，因此利润则可以理解为对风险承担水平较高的企业的一种补偿。但是管理者出于对政治仕途及在职消费的考虑，往往会规避风险，放弃高风险的投资项目，这是高管不愿意承担高风险所带来的代理问题。独立董事外部薪酬差距影响企业风险承担水平的原因在于，在上市公司独立董事薪酬信息得到公开的条件下，能够为独立董事提供本行业具有竞争性的薪酬的企业对有能力的独立董事吸引力度更大。当企业独立董事薪酬高于行业薪酬均值时，这对现任独立董事具有潜在的竞争压力，也是对独立董事能力和努力程度的补偿。现任独立董事如果不能获得董事会认可的话就可能被取代。因此，独立董事必须积极履职发挥其作为股东代理人的身份，对经理人的行为进行监督与控制，但是独立董事作为企业聘任的外部人员，对公司内部信息和经营状况并非十分了解，于是独立董事只有勤勉地工作，通过积极参与董事会会议，才能及时发现和遏制实际控制人的机会主义行为。进一步，作为专家的他们可以利用其专业背景知识为企业投资战略、方向以及强度等具体的实施方案提出有价值且可行性较强的参考意见，以为企业投资收购项目提出意见等方式来监督经理人，减少高管的短视化行为，投资于对企业长期发展有利的项目，进而提高企业风险承担水平，为企业获得突出的绩效，才能保持现有的丰厚待遇。反之，尽管低薪酬可以降低独立董事与公司实际控制人之间的利益联系，但激励不足会导致独立董事产生懈怠心理并消极履职。没有独立董事愿意接受低于行业平均薪酬基准的薪酬，当独立董事薪酬低于行业薪酬均值时，对于独立董事个人来说会产生不公平的感知，认为自身人力资本价值被低估了，其履职意愿和积极性将会明显下降，会减少时间和精力的投入对管理者进行监督（陈睿等，2016）[133]，增加了独立董事偷懒和懈怠行为发生的可能性。从而会增加管理层寻租的可能性，基于职位安全和个人利益的考虑，管理层会规避一些高风险的投资项目，并进而可能造成企业风险承担不足。因此，本书基于上述分析提出以下假设：

假设6-1：独立董事薪酬高于行业均值，独立董事外部薪酬差距能提升企业风险承担水平，即独立董事外部薪酬差距与企业风险承担水平存在正相关关系；

假设6-2：独立董事薪酬低于行业均值，独立董事外部薪酬差距抑制企业风险承担水平，即独立董事外部薪酬差距与企业风险承担水平存在负相关关系；

拥有海外背景的独立董事，因其知识广博、阅历丰富、国际视野宽阔，往往能给企业提供良好的咨询服务。首先，海归独立董事相对国内独立董事具有更高创新意识，具有国际化的思维方式与管理理念，能够很好地接受新思想和获取新信息。其次，受到海外企业社会责任文化的熏陶，再加上海外投资者法律保护制度的影响，海归独立董事的道德责任意识和法制观念更强（宋建波和文雯，2016），更能将海外企业的现金管理经验和社会责任观在企业管理中应用，有效监督和遏制管理层的自利性动机[254]。所以，海归独立董事的薪酬高于同行业的标准时，便认为这种溢价薪酬行为是对自己的公平对待，薪酬差距也是合理补偿自身较高人力资本水平的方案。因此，丰富的专业领域阅历和敏锐的职业洞察力更能发现管理层的短视行为，以及海归独立董事天然的风险偏好倾向促使其在董事会会议上更热衷于提出例如创新等高风险投资决策，进而促进企业风险承担水平提升。

反之，当独立董事薪酬低于同行业其他独立董事时，海归独立董事的不公平感要强于本土独立董事，因为在当前的经济环境下，具有海外经历的独立董事普遍被认为代表高的人力资本和生产力，所以往往会享有较高的薪酬水平。因此，海外背景独立董事会增强独立董事外部薪酬差距抑制企业风险承担水平的作用。本书基于上述分析提出以下假设：

假设6-3：当独立董事薪酬高于行业均值时，独立董事外部薪酬差距提升企业风险承担水平的作用在拥有海外背景独立董事的企业中更显著，即具有海外背景独立董事企业中独立董事外部薪酬差距与企业风险承担水平存在正相关关系更显著；

假设6-4：当独立董事薪酬低于行业均值时，独立董事外部薪酬差距抑制企业风险承担水平的作用在拥有海外背景独立董事的企业中更显著，即具有海外背景独立董事企业中独立董事外部薪酬差距与企业风险承担水平存在负相关关系更显著。

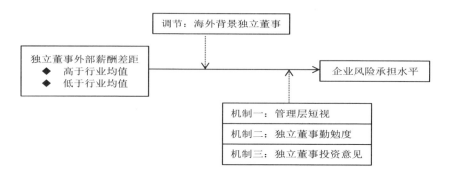

图6-1　独立董事外部薪酬差距作用机制研究框架

第二节　实证研究设计

一、样本选择与数据来源

本书选择2009—2019年沪深两市A股上市公司作为研究样本。由于被解释变量企业风险承担水平的计算需要3年或者5年的窗口数据，因此在计算企业风险承担水平时的实际数据采用为2005—2019年，其他变量按照2009—2019年选取。我们剔除金融保险类行业以及独立董事任期不足一年完整会计年度的样本，之后依次ST、*ST类以及相关指标缺失的企业。对于独立董事薪酬和独立董事背景数据的来源，首先，我们搜集CSMAR数据库中高管个人资料数据库，高管简历中主要包括证券代码、姓名、职位、薪资、学历及工作经历等重要信息，然后，根据职位筛选出来独立董事相关的所有数据，然后通过翻阅独立董事简历等背景资料，再根据新浪财经发布的相关新闻，以及结合百度百科等网站披露的相关资料，将独立董事海外背景数据补充完整。文中的其他财务数据也来源于CSMAR和WIND数据库，最后，对主要变量进行了1％和99％分位上的缩尾处理，得到13835个观测值的研究样本。本书主要的数据处理和统计分析是采用Stata15.0软件。

二、变量定义

（一）被解释变量

本章节延续第四章和第五章实证部分对企业风险承担水平定义的方式，利用企业在观察时段内的盈余波动性（ROA）来衡量企业风险承担水平，其中ROA使用息税折旧摊销前利润与期末总资产比值度量，参考John等（2008）、余明桂等（2013）的研究[3,11]，将ROA进行行业均值调整，以缓解行业及周期的影响，再根据t-2、t-1、t期三年计算经过调整后ROA的标准差，即企业风险承担水平。

（二）解释变量

借鉴步丹璐等（2010）、栾甫贵和纪亚方（2020）通过分行业计算企业高管薪酬均值来确定外部薪酬差距（EXGAP）的方法[289,280]。首先，本书根据年度—行业计算独立董事年度行业平均薪酬，然后对独立董事外部薪酬差距进行如下定义：（1）当企业独立董事薪酬均值高于行业平均薪酬，独立董事外部薪酬差距为企业独立董事薪酬均值与行业薪酬均值的比值，记为EXGAP1，可见，独立董事薪酬均值高于行业薪酬均值的距离越大，EXGAP1数值越大；（2）当企业独立董事薪酬均值低于行业平均薪酬，独立董事外部薪酬差距为行业薪酬均值与企业独立董事薪酬均值的比值，记为EXGAP2，可见，独立董事薪酬均值低于行业薪酬均值的距离越大，EXGAP2数值越大；

当企业独立董事薪酬均值高于行业平均薪酬时：

外部薪酬差距（EXGAP1）=企业独立董事薪酬均值/行业薪酬均值

当企业独立董事薪酬均值低于行业平均薪酬时：

外部薪酬差距（EXGAP2）=行业薪酬均值/企业独立董事薪酬均值

（三）调节变量

独立董事海外背景虚拟变量（Oversea）：独立董事海外经历是指曾经有过在海外留学和工作经历的独立董事。如果企业当年所有独立董事成员中至少有一个曾经有过海外学习或者工作经历的人员，则独立董事海外背景虚拟变量取值为1，否则为0。

（四）控制变量

借鉴企业风险承担水平现有研究，企业风险承担水平还可能受到其他一些因素的影响，在借鉴学者何威风等（2016）、Adams等（2005）、权小锋和吴世农（2010）等研究成果的基础上[4,234,256]，再结合影响独立董事的一些因素，本章节选取以下控制变量：企业规模（Size）、资产负债率（Lev）、上市年限（Age）、盈利能力（Roe）、企业成长性（Growth）、有形资产比例（PPE）、两职合一（Dual）、独立董事比例（Inder）、董事会规模（Board）、股权集中度（Shr5）、管理层持股比例（MH）、资本性支出（Cap），此外，为了控制行业和年份差异对企业风险承担水平的影响，本书在回归检验部分控制了行业（Year）和年份（Ind）虚拟变量。

（五）其他相关变量

地区社会信任水平（Trust）：本书参考李明辉（2019）利用CGSS调查数据来衡量各省份社会信任水平[290]。CGSS是中国第一个大型社会调查项目，每年会对全国各地一万多户家庭进行抽样调查，调查内容涵盖中国社会发展中国不同方面的问题，就社会信任而言，问题设计是"总的来说，您是否同意在这个社会上，绝大多数人都是可以信任的"。受访者问题回复包括"非常不同意""比较不同意""说不上同意不同意""比较同意""非常同意"五种情况，按照所有回复中"非常同意"和"比较同意"的人数占该省回复人数总数的比重来衡量社会信任水平。如果企业所在省份的社会信任水平高于当年度所有省份的平均值，则Trust取值为1，否则为0。

市场竞争环境（Monopoly）：借鉴武鹏（2011）的研究[291]，根据证监

2012行业分类，选取以下14个细分行业作为垄断行业：石油和天然气开采业（B07），煤炭开采和洗选业（B06），石油加工、炼焦及核燃料加工业（C25），铁路、船舶、航空航天和其他运输设备制造业（C37），电力、热力生产和供应业（D44），燃气生产和供应业（D45），水的生产和供应业（D46），铁路运输业（G53），航空运输业（G56），电信、广播电视和卫星传输服务业（I63），新闻出版业（R85），货币金融服务（J66），保险业和资本市场服务业（J67—68）。后三类属于金融类行业，在全样本筛选的过程中已经删除，因此，除上述列举的行业外，其他行业均属于非垄断行业。上市公司属于垄断行业时，虚拟变量 Monopoly 为1，否则 Monopoly 为0。

外部治理水平（Market）：根据王小鲁等（2016）的研究中的市场化指数来衡量[292]。上市公司所在地区的市场化指数越高，代表该地区的政府干预越少，法制环境更为健全，企业获取资源的便利性更好。具体衡量如下，如果企业所在地区的市场化总指数高于当年度样本企业的平均值，则Market取值为1，否则为0。

上述主要变量的定义见表6-1：

表6-1　主要变量说明

变量性质	变量符号	变量名称	变量解释
被解释变量	RTK	企业风险承担水平	上市公司在（t-2、t-1、t）三年内经行业调整的ROA的标准差
解释变量	EXGAP1	独立董事外部薪酬差距	高于行业均值，企业独立董事薪酬均值/行业薪酬均值
	EXGAP2		低于行业均值，行业薪酬均值/企业独立董事薪酬均值
调节变量	Oversea	独立董事海外背景虚拟变量	独立董事中至少有一个海外背景的取1，否则为0

变量性质	变量符号	变量名称	变量解释
控制变量	Size	企业规模	总资产取自然对数
	Lev	资产负债率	总负债与总资产的比值
	Age	上市年限	上市总年数取自然对数
	Roe	盈利能力	净资产收益率
	Growth	企业成长性	营业收入增长率
	PPE	有形资产比例	固定资产净值与总资产比值
	Dual	两职合一	董事长与总经理两职合一取1，否则为0
	Inder	独立董事比例	独立董事总人数与董事会总人数比值
	Board	董事会规模	董事会总人数取自然对数
	Shr5	股权集中度	前五大股东持股比例总和
	MH	管理层持股比例	董监高持股数量与总股数的比值
	Cap	资本性支出	购买固定资产、无形资产和其他长期资产所支付现金的自然对数
	Ind	行业虚拟变量	若上市公司属于行业i，则取值为1，否则为0
	Year	年份虚拟变量	若上市公司属于年份i，则取值为1，否则为0
其他变量	Trust	地区社会信任水平	若属于社会信任水平高地区的企业，则取值为1，否则为0
	Monopoly	市场竞争环境	若属于垄断行业企业，则取值为1，否则为0
	Market	市场化进程	若属于高市场化进程地区的企业，则取值为1，否则为0

注：后续表格中的变量符号与此表含义一致

三、模型定义

构建模型（6-1）对本章节提出的假设6-1、6-2进行检验：

$$RTK_{i,t} = \alpha_0 + \alpha_1 EXGAP_{i,t} + \alpha_2 Size_{i,t} + \alpha_3 Lev_{i,t} + \alpha_4 Age_{i,t} + \alpha_5 Roe_{i,t}$$
$$+\alpha_6 Growth_{i,t} + \alpha_7 PPE_{i,t} + \alpha_8 Dual_{i,t} + \alpha_9 Inder_{i,t} + \alpha_{10} Board_{i,t}$$
$$+\alpha_{11} Shr5_{i,t} + \alpha_{12} MH_{i,t} + \alpha_{13} Cap_{i,t} + \sum Year + \sum Ind + \varepsilon_{i,t}$$

（模型6-1）

模型（6-1）中解释变量独立董事外部薪酬差距（EXGAP）包含两种情况，当企业独立董事薪酬均值高于行业平均薪酬时的外部薪酬差距(EXGAP1)和当企业独立董事薪酬均值低于行业平均薪酬时的外部薪酬差距（EXGAP2）。若本书提出的假设6-1、6-2成立，EXGAP1的回归系数α_1应该显著为正，EXGAP2的回归系数α_1应该为负。

第三节 实证结果

一、描述性统计

（一）样本公司独立董事外部薪酬差距主要变量概况

表6-2是对独立董事外部薪酬差距变量的描述性统计。结果显示，在样本公司中高于行业均值的外部薪酬差距的企业有5633家，其中独立董事外部薪酬差距的均值为1.455，最小值为1.007，最大值为3.709；低于行业均值的外部薪酬差距的企业有8202家，其中独立董事外部薪酬差距的均值为1.980，最小值为1.008，最大值为30.193。说明不同公司中不同独立董事之间的薪酬差距还是较大的，为接下来的研究独立董事外部薪酬差距提供了一定的可行性。

表6-2　独立董事外部薪酬差距的描述性统计

variable	mean	sd	min	p50	max	N
EXGAP1	1.455	0.493	1.007	1.309	3.709	5633
EXGAP2	1.980	3.319	1.008	1.385	30.193	8202

（二）样本公司独立董事外部薪酬差距分组的变量均值差异检验

表6-3是按照独立董事外部薪酬差距进行分组，将样本分为高于行业均值的外部薪酬差距组（EXGAP1）和低于行业均值的外部薪酬差距组（EXGAP2），观察两组样本中主要指标是否存在差异。表6-3报告了主要变量均值差异检验的结果，由表6-3可知，高于行业均值的外部薪酬差距组（EXGAP1）较低于行业均值的外部薪酬差距组（EXGAP2）相比：（1）企业风险承担水平均值较高；企业的规模较大、杠杆水平较高、盈利较好、董事会规模较大、资本性支出较大。（2）但管理层持股较低，这可能与需要独立董事监督一致，管理层持股低更易产生机会主义行为，更需要激励独立董事发挥监督作用。

表6-3　独立董事外部薪酬差距分组描述性统计

变量	高于行业均值外部薪酬差距组		低于行业均值外部薪酬差距组		均值差异	T检验
	样本量	均值	样本量	均值		
RTK	5633	0.0438	8202	0.0425	0.0013	1.2883
Size	5633	22.6692	8202	22.1070	0.5622	26.7237
Lev	5633	0.4677	8202	0.4433	0.0244	7.0328
Age	5633	2.3229	8202	2.2964	0.0265	2.6889
Roe	5633	0.0648	8202	0.0473	0.0175	7.2588
Growth	5633	0.1896	8202	0.2071	−0.0175	−1.8633
PPE	5633	0.2131	8202	0.2352	−0.0222	−7.6197

续表

变量	高于行业均值外部薪酬差距组		低于行业均值外部薪酬差距组		均值差异	T检验
	样本量	均值	样本量	均值		
Dual	5633	0. 2354	8202	0.2395	−0.0485	−0.5504
Inder	5633	0.4025	8202	0 .4789	−0.0764	−34.4893
Board	5633	2.1600	8202	2.1374	0.0226	6.4646
Shr5	5633	51.8363	8202	50.0946	1.7417	6.8009
MH	5633	0.1315	8202	0.1432	−0.0117	−2.7379
Cap	5633	19.0364	8202	18.3472	0.6892	21.9901

资料来源：作者计算整理

二、相关性分析

下表6-4报告了主要变量的皮尔森（Pearson）检验系数。结果表明，高于行业均值的独立董事外部薪酬差距（EXGAP1）与企业风险承担水平（RTK）正相关；低于行业均值的独立董事外部薪酬差距（EXGAP2）与企业风险承担水平（RTK）负相关，初步显示高于行业均值的独立董事外部薪酬差距可以促进企业风险承担水平的提升，低于行业均值的独立董事外部薪酬差距与企业风险承担水平存在一定的负相关性，但是简单的相关系数并不能完全说明二者之间的关系。在控制其他因素后，二者相关性需要进一步线性回归检验。控制变量 Size、Lev、Age、Roe、Board、Shr5、Cap 与 RTK 显著为负相关，表明样本企业规模越小、负债水平越低、上市年龄越小、盈利能力越低、董事会规模越小、股权集中度越低以及资本性支出越低，企业的风险承担水平越高；Growth、Dual、Inder 与 RTK 显著正相关，表明企业成长越好、两职合一以及独立董事比例越高，则企业风险承担水平越高。此外，除了 Cap 和 Size 之间的相关系数为0.682，MH 和 Age 之间的相关系数为−0.503，其他变量之间的相关系数未超过0.5，这表明本章的研究不存在严重的多重共线性问题。

表6-4 相关性分析

	RTK	EXGAP1	EXGAP2	Size	Lev	Age	Roe	Growth	PPE	Dual	Inder	Board	Shr5	MH	Cap
RTK	1.000														
EXGAP1	0.012**	1.000													
EXGAP2	−0.025		1.000												
Size	−0.200***	0.318***	0.010	1.000											
Lev	−0.012	0.110***	−0.029***	0.461***	1.000										
Age	−0.026***	0.136***	0.038***	0.286***	0.283***	1.000									
Roe	−0.273***	0.057***	0.023**	0.141***	−0.138***	0.014*	1.000								
Growth	0.027***	−0.007	−0.009	0.052***	0.044***	−0.013	0.187***	1.000							
PPE	0.000	0.011	0.007	0.045***	0.059***	0.043***	−0.070***	−0.083***	1.000						
Dual	0.025***	−0.015	0.004	−0.126***	−0.101***	−0.171***	−0.027***	0.014	−0.103***	1.000					
Inder	0.025***	−0.040***	0.052***	−0.041***	−0.030***	−0.064***	−0.036***	0.028***	−0.051*	0.084***	1.000				
Board	−0.051***	0.056***	−0.018*	0.247***	0.150***	0.126***	0.068***	−0.016***	0.164***	−0.197***	−0.307***	1.000			
Shr5	−0.061***	0.095***	0.022**	0.281***	0.038***	−0.111***	0.152***	0.080***	0.077***	−0.043***	0.005	0.073***	1.000		
MH	0.008	−0.118***	−0.008	−0.218***	−0.267***	−0.503***	−0.004	0.032***	−0.162***	0.334***	0.088***	−0.198***	0.022**	1.000	
Cap	−0.165***	0.240***	0.013	0.682***	0.240***	0.057*	0.155***	0.019*	0.320***	−0.084***	−0.062***	0.238***	0.211***	−0.095***	1.000

注：*、**、***分别代表在10%、5%、1%水平上显著，检验方式为Pearson检验

三、多元回归分析

本书采用模型（6-1）来考察独立董事外部薪酬差距对企业风险承担水平的影响，表6-5列示了多元线性回归结果。从第（1）列的回归结果看出，高于行业均值的独立董事外部薪酬差距（EXGAP1）与企业风险承担水平（RTK）在1％水平上显著正相关（b=0.0067，t=5.13），表明高于行业均值的独立董事外部薪酬差距激励可以提升企业风险承担水平。第（2）列的回归结果来看，低于行业均值的独立董事外部薪酬差距（EXGAP2）与企业风险承担水平（RTK）的回归系数为负，但是不具有统计上的显著性（b=-0.0001，t=-0.79），说明当独立董事薪酬低于行业均值时，存在一定的负相关性，但是未通过显著性检验（而在独立董事薪酬低于行业均值的阶段并不显著抑制企业风险承担水平）。这在一定程度上也说明社会比较理论在解释独立董事外部薪酬差距的激励作用中发挥了主要作用，高于行业均值的独立董事外部薪酬差距能够为企业独立董事提供在本行业中具有竞争性的薪酬，这对现任独立董事具有潜在的竞争压力，也是对独立董事能力和努力程度的补偿。受到薪酬激励的独立董事会积极履行监督经理人职责，抑制高管的短视化行为，积极参与董事会会议，作为专家的他们可以利用其专业背景知识为企业投资战略、方向以及强度等具体的实施方案提出有价值且可行性较强的参考意见，投资于对企业长期发展有利的项目，进而提高企业风险承担水平。低于行业均值的独立董事外部薪酬差距，打击了独立董事勤勉工作的积极性，降低其工作投入时间与精力，其监督管理层进而降低管理层短视的职责不能有效发挥，无法促进企业风险承担水平的提升。假设6-1得到验证，假设6-2未通过验证。

控制变量的回归结果也基本符合预期：企业规模（Size）的回归系数显著为负，表明小企业较大企业具有更强的风险偏好；公司上市年限（Age）的回归系数显著为正，可以说明公司成立的时间越长，具有更强的抗风险能力，风险承担水平越高。盈利能力（Roe）的估计系数显著为负，可以表明当企业盈利能力越好，其更不愿意承担风险；企业成长性（Growth）的估计系数显著为正，说明当企业处于成长期，成长和发展的能力较强，企业风险承担水平越高；独立董事比例（Inder）的估计系数显著为正，说明独立董事比例越高，对抑制管理层短视的作用越大；股权集中度（Shr5）的回归系数显著为正，表示前五大股东持股比例越高，企业风险承担水平越高；资本性支出（Cap）的估计系数显著为负，表明资本性支出水平越高的企业风险承担水平越低。

表6-5 独立董事外部薪酬差距对企业风险承担水平的影响

variable	(1) RTK	(2) RTK
EXGAP1	0.0067***	
	(5.13)	
EXGAP2		−0.0001
		(−0.79)
Size	−0.0037***	−0.0067***
	(−3.37)	(−6.44)
Lev	−0.0018	0.0089**
	(−0.34)	(2.03)
Age	0.0057***	0.0097***
	(4.21)	(7.95)
Roe	−0.1077***	−0.0973***
	(−10.24)	(−11.57)
Growth	0.0080***	0.0085***
	(3.83)	(5.57)
PPE	0.0019	−0.0022
	(0.34)	(−0.51)
Dual	0.0033*	−0.0003
	(1.96)	(−0.22)
Inder	0.0259***	0.0054
	(3.08)	(1.34)
Board	−0.0003	−0.0024
	(−0.08)	(−0.77)

variable	(1) RTK	(2) RTK
Shr5	0.0001**	0.0002***
	(1.96)	(4.52)
MH	0.0012	0.0008
	(0.36)	(0.28)
Cap	−0.0019***	−0.0017***
	(−2.75)	(−2.89)
Year	Yes	Yes
Ind	Yes	Yes
_cons	0.1543***	0.2301***
	(9.15)	(13.06)
N	5633	8202
R^2	0.1978	0.1920

注：*、**、***分别对应10％、5％、1％的显著性水平，括号内为稳健性调整的T值，下同

为了进一步考察独立董事是否有海外背景（Oversea）对独立董事外部薪酬差距与企业风险承担水平两者之间关系的影响，采用独立董事是否有海外背景分组回归进行实证检验，回归结果列示于表6-6。列（1）—（2）是高于行业均值组，列（1）是具有海外背景独立董事组的回归结果，可以看出，独立董事外部薪酬差距与企业风险承担水平的回归系数显著正相关（b=0.0049, t=2.64）；列（2）是不具有海外背景独立董事组的回归结果，可以看出，独立董事外部薪酬差距与企业风险承担水平的回归系数为正，但是不具有统计上的显著性（b=0.0011, t=0.05）。具有海外背景独立董事组的回归系数明显较高，表明独立董事的海外背景对独立董事外部薪酬差距与企业风险承担水平两者之间有明显的促进作用。假设6-3得到经验证据的支持。列（3）—（4）是低于行业均值组，两组的回归系数都为负，但是没有通过显著性检验。

表6-6　独立董事是否有海外背景分组回归结果

	(1)	(2)	(3)	(4)
	高于行业均值外部薪酬差距组		低于行业均值外部薪酬差距组	
	Oversea=1	Oversea=0	Oversea=1	Oversea=0
variable	*RTK*	*RTK*	*RTK*	*RTK*
EXGAP1	0.0049***	0.0011		
	(2.64)	(0.05)		
EXGAP2			−0.0001	−0.0001
			(−0.60)	(−0.57)
Size	−0.0033*	−0.0127	−0.0030	−0.0087***
	(−1.92)	(−1.12)	(−1.60)	(−6.91)
Lev	−0.0001	0.1698***	0.0004	0.0126**
	(−0.01)	(3.04)	(0.05)	(2.35)
Age	0.0025	0.0280*	0.0087***	0.0102***
	(1.06)	(1.69)	(3.75)	(7.11)
Roe	−0.0882***	0.0052	−0.0860***	−0.1007***
	(−4.86)	(0.09)	(−5.70)	(−9.99)
Growth	0.0049	0.0068	0.0106***	0.0076***
	(1.56)	(0.24)	(3.79)	(4.26)
PPE	0.0082	−0.0131	0.0074	−0.0065
	(0.91)	(−0.17)	(0.86)	(−1.32)
Dual	0.0048*	−0.0111	−0.0025	0.0004
	(1.92)	(−0.59)	(−0.96)	(0.22)
Inder	0.0262**	0.0681	0.0002	0.0060
	(2.33)	(0.62)	(0.02)	(1.25)
Board	0.0053	−0.0892*	−0.0092	−0.0009
	(0.85)	(−1.94)	(−1.47)	(−0.23)
Shr5	0.0002***	0.0009	0.0002**	0.0002***
	(2.73)	(1.56)	(2.55)	(3.62)

续表

	(1)	(2)	(3)	(4)
	高于行业均值外部薪酬差距组		低于行业均值外部薪酬差距组	
	Oversea=1	Oversea=0	Oversea=1	Oversea=0
variable	RTK	RTK	RTK	RTK
MH	−0.0061	0.0556	−0.0004	0.0013
	(−1.08)	(1.64)	(−0.08)	(0.39)
Cap	−0.0019*	−0.0151**	−0.0035***	−0.0009
	(−1.73)	(−2.10)	(−3.17)	(−1.38)
Year	Yes	Yes	Yes	Yes
Ind	Yes	Yes	Yes	Yes
_cons	0.1207***	1.1649***	0.2101***	0.2508***
	(4.71)	(5.43)	(7.10)	(11.44)
N	2111	3522	2438	5764
R^2	0.1833	0.2464	0.1933	0.2005

四、内生性和稳健性检验

(一) 内生性检验

为了更好地识别独立董事外部薪酬差距与公司风险承担水平之间的因果关系，在企业独立董事薪酬均值高于行业薪酬均值组，本书采用除该公司外同年同行业其他公司独立董事外部薪酬差距均值（GAP1IV）作为该公司独立董事外部薪酬差距（EXGAP1）的工具变量；在企业独立董事薪酬均值低于行业薪酬均值组，采用除该公司外同年同行业其他公司独立董事外部薪酬差距均值（GAP2IV）作为该公司独立董事外部薪酬差距（EXGAP2）的工具变量，然后都通过两阶段最小二乘法（2SLS）重新估计模型（6-1）。

表6-7列示了模型（6-1）的两阶段2SLS回归结果。列（1）—（2）是高于行业均值组的回归结果，在第一阶段，EXGAP1与GAP1IV在1％水

平上存在显著正相关关系，在第二阶段，经过工具化处理之后，将独立董事外部薪酬差距的工具变量（GAP1IV）与企业风险承担水平回归，回归结果与原回归结果基本一致；列（3）—（4）是低于行业均值组的回归结果，在第一阶段，EXGAP2和GAP2IV在1％水平上显著正相关，在第二阶段，经过工具化处理之后，将独立董事外部薪酬差距的工具变量（GAP2IV）与企业风险承担水平的回归系数为负，但不显著。此外，在各组回归中的弱工具变量检验F值都大于10，表明GAP1IV和GAP2IV都不是弱工具变量，可以满足需要的外生性条件，总体来说，本章节主假设的实证结果具有一定的稳健性。

表6-7　工具变量法

	(1)	(2)	(3)	(4)
	高于行业均值外部薪酬差距组		低于行业均值外部薪酬差距组	
	Stage1	Stage2	Stage1	Stage2
variable	*EXGAP1*	*RTK*	*EXGAP2*	*RTK*
GAP1IV	0.9355***	0.0085**		
	(12.91)	(2.07)		
GAP2IV			1.0038***	−0.0002
			(60.99)	(−1.24)
Size	0.1446***	−0.0044***	−0.1142***	−0.0044***
	(14.87)	(−5.92)	(−5.78)	(−5.91)
Lev	−0.1893***	0.0033	0.3181***	0.0033
	(−4.79)	(0.99)	(4.10)	(0.97)
Age	0.0506***	0.0081***	0.0724***	0.0082***
	(3.94)	(8.88)	(2.83)	(8.94)
Roe	−0.0407	−0.1017***	0.0072	−0.1017***
	(−0.81)	(−15.37)	(0.09)	(−15.36)
Growth	−0.0282**	0.0081***	0.0352	0.0082***
	(−2.11)	(6.59)	(1.39)	(6.60)
PPE	−0.1571***	−0.0022	0.1910**	−0.0021
	(−2.92)	(−0.66)	(2.03)	(−0.62)

续表

	(1)	(2)	(3)	(4)
	高于行业均值外部薪酬差距组		低于行业均值外部薪酬差距组	
	Stage1	Stage2	Stage1	Stage2
variable	EXGAP1	RTK	EXGAP2	RTK
Dual	0.0445***	0.0014	−0.0004	0.0014
	(2.87)	(1.22)	(−0.02)	(1.24)
Inder	−0.5106***	0.0028	1.9767***	0.0027
	(−7.48)	(0.84)	(16.52)	(0.80)
Board	−0.1777***	−0.0041*	0.3886***	−0.0041*
	(−4.80)	(−1.73)	(5.30)	(−1.72)
Shr5	0.0007	0.0002***	−0.0005	0.0002***
	(1.35)	(4.87)	(−0.55)	(4.86)
MH	−0.0996***	0.0004	−0.1428***	0.0004
	(−3.94)	(0.17)	(−2.87)	(0.19)
Cap	0.0007	−0.0017***	−0.0120	−0.0017***
	(0.12)	(−3.86)	(−1.12)	(−3.87)
Year	Yes	Yes	Yes	Year
Ind	Yes	Yes	Yes	Ind
_cons	−2.4425***	0.1888***	0.5528**	0.1888***
	(−13.28)	(15.28)	(2.00)	(15.54)
N	5633	13835	8202	13835
R^2	0.1692	0.1875	0.8975	0.1877

（二）变更被解释变量的衡量方式

变更被解释变量的衡量方式：首先，将总资产收益率（ROA）替换为净利润与总资产比值衡量企业风险承担水平（RTK2）。采用模型（6-1）对假设6-1和假设6-2进行混合OLS回归，结果列示于表6-8的列（1）—（2）。从列（1）的回归结果可以看出，高于行业均值的独立董事外部薪酬差距（EXGAP1）与企业风险承担水平（RTK2）在1％水平上显著正相关

（b=0.0063,t=5.09）。第（2）列回归结果显示，低于行业均值的独立董事外部薪酬差距（EXGAP2）与企业风险承担水平（RTK2）负相关，但是不具有统计上的显著性（b=-0.0001,t=-0.42）。其次，本书还参考 Faccio 等（2011）[261]方法，尝试以股票月收益率的波动性衡量企业风险承担水平（RTK3）。结果列示于列（3）—（4）。从列（3）的回归结果可以看出，高于行业均值的独立董事外部薪酬差距（EXGAP1）与企业风险承担水平（RTK3）在10%水平上显著正相关（b=0.1027,t=1.87）。第（4）列回归结果显示，低于行业均值的独立董事外部薪酬差距（EXGAP2）与企业风险承担水平（RTK3）负相关，但是不具有统计上的显著性（b=-0.0002,t=-0.98）。最后，以息税折旧摊销前利润（EBITDA）为基础计算的三年内 $ADJ\_ROA_{i,t}$ 的最大值和最小值之差来衡量企业风险承担水平（RTK4）。从第（5）列的回归结果可以看出，高于行业均值的独立董事外部薪酬差距（EXGAP1）与企业风险承担水平（RTK4）的回归系数在1%水平上显著正相关（b=0.0068,t=5.13），从第（6）列的回归结果可以看出，低于行业均值的独立董事外部薪酬差距（EXGAP2）与企业风险承担水平（RTK4）的回归系数为负，但是不具有统计上的显著性（b=-0.0001,t=-0.82），即低于行业均值的独立董事外部薪酬差距与企业风险承担水平不存在显著线性相关关系。上述回归结果除了各变量系数大小有所差异外，均与表6-5基本无差异，说明研究结果具有一定的稳健性。

表6-8　变更被解释变量的衡量方式

	(1)	(2)	(3)	(4)	(5)	(6)
variable	*RTK2*	*RTK2*	*RTK3*	*RTK3*	*RTK4*	*RTK4*
EXGAP1	0.0063***		0.1027*		0.0068***	
	(5.09)		(1.87)		(5.13)	
EXGAP2		-0.0001		-0.0002		-0.0001
		(-0.42)		(-0.98)		(-0.82)
Size	-0.0036***	-0.0063***	-0.2189***	-0.0063***	-0.0037***	-0.0066***
	(-3.37)	(-6.27)	(-6.55)	(-7.20)	(-3.32)	(-6.29)

续表

variable	(1) RTK2	(2) RTK2	(3) RTK3	(4) RTK3	(5) RTK4	(6) RTK4
Lev	0.0008	0.0090**	−0.3977***	0.0176***	−0.0016	0.0086*
	(0.15)	(2.14)	(−2.62)	(4.86)	(−0.31)	(1.93)
Age	0.0054***	0.0086***	−0.3272***	−0.0137***	0.0061***	0.0097***
	(4.12)	(7.25)	(−5.75)	(−9.70)	(4.48)	(7.92)
Roe	−0.1139***	−0.1081***	1.9750***	−0.0071*	−0.1100***	−0.1010***
	(−11.31)	(−13.25)	(8.91)	(−1.69)	(−10.43)	(−11.89)
Growth	0.0071***	0.0077***	0.4265***	0.0059***	0.0081***	0.0082***
	(3.55)	(5.16)	(6.18)	(4.62)	(3.85)	(5.31)
PPE	0.0033	−0.0040	−1.9781***	−0.0156***	0.0013	−0.0042
	(0.59)	(−0.96)	(−11.94)	(−3.92)	(0.23)	(−0.98)
Dual	0.0027*	0.0000	0.0494	−0.0013	0.0032*	−0.0002
	(1.66)	(0.01)	(0.84)	(−0.80)	(1.90)	(−0.16)
Inder	0.0229***	0.0041	0.1605	0.0159***	0.0257***	0.0054
	(2.86)	(1.07)	(0.57)	(3.42)	(3.06)	(1.35)
Board	0.0001	−0.0029	−0.1875	−0.0021	−0.0005	−0.0025
	(0.03)	(−0.97)	(−1.43)	(−0.60)	(−0.13)	(−0.81)
Shr5	0.0001**	0.0002***	0.0083***	−0.0000	0.0001*	0.0002***
	(2.01)	(5.28)	(5.22)	(−0.89)	(1.94)	(4.84)
MH	0.0016	0.0006	0.5180***	0.0101***	0.0016	0.0008
	(0.49)	(0.22)	(3.53)	(2.91)	(0.47)	(0.29)
Cap	−0.0019***	−0.0016***	0.1382***	−0.0012**	−0.0021***	−0.0018***
	(−2.81)	(−2.84)	(6.64)	(−2.26)	(−2.96)	(−3.08)
Year	Yes	Yes	Yes	Yes	Yes	Yes
Ind	Yes	Yes	Yes	Yes	Yes	Yes
_cons	0.1527***	0.2244***	5.1376***	0.3163***	0.1572***	0.2326***
	(9.37)	(13.21)	(9.79)	(21.95)	(9.27)	(13.11)
N	5633	8202	5604	8107	5633	8202
R^2	0.2249	0.2175	0.3472	0.0628	0.2002	0.1973

（三）固定效应模型

为了缓解可能存在遗漏不随时间改变的固定因素问题，使用固定效应模型进一步检验独立董事外部薪酬差距（EXGAP1、EXGAP2）对企业风险承担水平（RTK）的影响。检验结果与表6-5的结论基本一致，说明回归结果具有一定的稳健性。

表6-9　固定效应模型

	(1)	(2)
variable	*RTK*	*RTK*
EXGAP1	0.0084***	
	(6.15)	
EXGAP2		−0.0010
		(−0.56)
Size	−0.0049***	−0.0214**
	(−5.50)	(−2.55)
Lev	−0.0128***	−0.1019***
	(−3.18)	(−2.96)
Age	0.0033**	0.0217*
	(2.37)	(1.74)
Roe	−0.1156***	−0.0918**
	(−22.31)	(−2.15)
Growth	0.0089***	0.0217**
	(6.54)	(2.16)
PPE	−0.0004	−0.0397
	(−0.09)	(−1.07)
Dual	0.0039**	0.0062
	(2.47)	(0.44)
Inder	0.0284***	−0.0807*
	(3.82)	(−1.96)
Board	0.0001	−0.0166
	(0.02)	(−0.52)

续表

variable	(1) *RTK*	(2) *RTK*
Shr5	0.0000	−0.0003
	(0.69)	(−0.76)
MH	0.0029	0.0342
	(0.91)	(1.18)
Cap	−0.0007	−0.0039
	(−1.18)	(−0.84)
Year	Yes	Yes
_cons	0.1433***	0.7819***
	(10.06)	(5.51)
N	5633	8202
R²	0.1264	0.0093

（四）考虑独立董事个人特征因素

前文控制变量的选取主要是在公司层面筛选的变量来控制独立董事薪酬激励对企业风险承担水平的影响，考虑到独立董事个体特征的差异，在模型中加入独立董事男性占比、独立董事平均年龄、平均任期和平均教育程度。当考虑独立董事个人特征后，高于行业均值的独立董事外部薪酬差距（EXGAP1）对提升企业风险承担水平（RTK）的作用依然显著，低于行业均值的独立董事外部薪酬差距（EXGAP2）与企业风险承担水平（RTK）的负相关仍不显著，回归结果与表6-5基本一致，说明上述结论保持稳健。

表6-10 加入独立董事个人特征变量

variable	(1) *RTK*	(2) *RTK*
EXGAP1	0.0068***	
	(5.22)	

variable	(1) RTK	(2) RTK
EXGAP2		−0.0001
		(−0.78)
Size	−0.0033***	−0.0067***
	(−3.04)	(−6.36)
Lev	−0.0019	0.0088**
	(−0.36)	(1.98)
Age	0.0059***	0.0098***
	(4.34)	(8.04)
Roe	−0.1074***	−0.0971***
	(−10.25)	(−11.59)
Growth	0.0077***	0.0083***
	(3.67)	(5.50)
PPE	0.0012	−0.0021
	(0.20)	(−0.50)
Dual	0.0029*	−0.0004
	(1.76)	(−0.29)
Inder	0.0252***	0.0038
	(3.00)	(0.95)
Board	−0.0005	−0.0032
	(−0.13)	(−1.01)
Shr5	0.0001**	0.0002***
	(2.15)	(4.53)
MH	0.0012	0.0009
	(0.35)	(0.30)
Cap	−0.0019***	−0.0017***
	(−2.73)	(−2.87)

variable	(1) RTK	(2) RTK
Dage	−0.0003**	0.0000
	(−2.22)	(0.05)
Mannum	−0.0007	−0.0030
	(−0.23)	(−1.11)
Term	−0.0018***	−0.0021***
	(−3.29)	(−3.94)
Expert	−0.0017	0.0005
	(−1.51)	(0.53)
Year	Yes	Yes
Ind	Yes	Yes
_cons	0.1728***	0.2359***
	(9.47)	(12.87)
N	5633	8202
R^2	0.2006	0.1937

五、影响机制分析

（一）中介效应检验步骤

诸多经济现象之间存在着错综复杂的关系，但是可以通过中介效应以抽丝剥茧的形式发现其中的相关性。本部分研究独立董事内部薪酬差距提升企业风险承担水平的作用路径。根据上述假设分析，通过管理层短视程度、独立董事勤勉度和独立董事投资意见的充分表达效果三条路径进行分析。

借鉴 Baron 和 Kenny（1986）、温忠麟和叶宝娟（2014）采用逐步法进行中介效应检验[262-263]，想要验证的中介变量是 M，中介效应检验步骤如下所示：第一步，检验独立董事内部薪酬差距与企业风险承担水平之间的关系，即考察系数 α_1 的显著性，若 α_1 在统计上是显著时，继续第二步，否则停止检验。第二步，检验独立董事内部薪酬差距与中介变量之间的关系，即考察系数 β_1 的显著性，若 β_1 在统计上是显著时，继续第三步，否则停止检验。第三步，检验中介变量（M）对独立董事内部薪酬差距与企业风险承担水平的中介效应，即考察 γ_1 和 γ_2 的显著性，如果 γ_1 和 γ_2 都显著，则说明 M 属于部分中介效应，如果 γ_2 显著，γ_1 不显著，则说明 M 具体完全中介效应。

中介效应检验步骤如下图6-2所示：

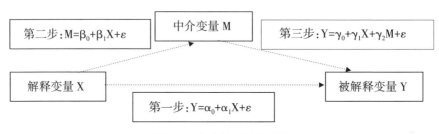

图6-2　中介效应检验步骤

中介效应占比为 $\beta_1 * \gamma_2 / \alpha_1$。$\beta$ 和 γ 的乘积项不显著为零是中介效应占比存在前提条件，假如 β 和 γ 其中一个存在统计不显著时，乘积项依然存在显著的可能性，这种情况是逐步法无法检验的。Sobel（1982）[264]为了排除这种情况的出现，为了可以分别检验解释变量的显著性，以及中介变量系数乘积项的显著性，继而提出系数乘积检验法。Sobel 检验法（$H_0: \beta\gamma=0$）的统计式为：

$$Z = \frac{\hat{c} * \hat{b}}{S_{bc}}$$

公式中分母 $S_{bc} = \sqrt{\hat{c} * s_b^2 + \hat{b} * s_c^2}$，$\gamma$ 和 β 的估算值分别是 $\hat{b}$ 和 $\hat{c}$，S_c^2 和 S_b^2 分别是 β 和 γ 估计值的方差。Sobel 检验的零假设是 γ 和 β 的乘积为 0，如果统计结果显著则拒绝原假设，即 γ 和 β 都不为 0。

（二）中介检验实证结果

在上述研究中发现，激励充分的独立董事将显著增强其职能发挥的有效性，本书需要进一步了解加强独立董事外部薪酬差距激励是通过何种路径和影响机制来改善企业风险承担水平。根据温忠麟等（2004）[265]总结的中介效应检验程序第一步可知，如果解释变量 X 和被解释变量 Y 没有显著关系，则无需再进行下一步中介效应检验。因此，接下来只对高于行业均值组的独立董事外部薪酬差距与企业风险承担水平进行中介效应检验。

第一、管理层短视程度中介效应。

当企业独立董事薪酬均值高于同行业独立董事薪酬均值时，企业独立董事在进行社会薪酬比较时，明显会获得薪酬的满足感和优越感，认为自身的努力付出得到了认同，于是，独立董事为了保持现有的"薪酬获益"状态，以及获得更高的报酬，他们都会发挥勤勉的敬业精神。为维护股东利益，为企业健康长期的发展考虑，会积极履行其监督职责，降低管理层寻租的可能性，增加对企业未来发展有益的长期投资项目，缓解企业风险承担不足现象。因此，本书预期，当企业独立董事薪酬高于同行业薪酬均值时，独立董事外部薪酬差距可以抑制管理层短视行为，进而提升企业风险承担水平。管理层短视程度（Myopia）：借鉴曹国华等（2017）[270]、许荣和李从刚（2019）[271]的研究，采用研发支出与销售收入比值的相反数来衡量管理层短视程度，定义为 Myopia。Myopia 的数值与研发支出呈现相反的关系，Myopia 越大说明研发支出越少，企业面临的管理层短视程度越严重。

表 6-11 列（1）—（2）报告了高于行业薪酬均值的样本中，管理层短视程度在独立董事外部薪酬差距和企业风险承担水平的中介作用。列（1）是独立董事外部薪酬差距（EXGAP1）与管理层短视（Myopia）之间的回归结果。可以看出，高于行业均值的独立董事外部薪酬差距（EXGAP1）与管理层短视程度的回归系数在 1% 水平上显著负相关（b=-0.5967,t=-2.85），表明高于行业均值的独立董事外部薪酬差距的更能抑制管理层的自利行为。表 6-11 列（2）报告了加入中介因子，独立董事外部薪酬差距（EXGAP1）与企业风险承担水平（RTK）的回归系数在 1% 水平上显著正相关（b=0.0069,t=5.14），管理层短视程度（Myopia）与企业风险承担水平（RTK）的回归系数在 10% 水平上显著负相关（b=-0.0005,t=-1.73）。同时还报告了 Sobel 检验的结果，也证明了管理层短视的部分中介效应的结果成立。因此，可以表明独立董事外部薪酬差距激励可以通过抑制管理层短视程度而促进企业风险承担水平。

表6-11 管理层短视程度中介效应

variable	(1) Myopia	(2) RTK
EXGAP1	−0.5967***	0.0069***
	(−2.85)	(5.14)
Myopia		−0.0005*
		(−1.73)
Size	0.7687***	−0.0026**
	(5.51)	(−2.33)
Lev	5.4396***	−0.0029
	(7.84)	(−0.46)
Age	0.8708***	0.0041***
	(5.00)	(2.75)
Roe	2.6001***	−0.1307***
	(3.37)	(−10.80)
Growth	0.6348**	0.0091***
	(2.48)	(4.15)
PPE	5.5090***	−0.0089
	(7.21)	(−1.51)
Dual	−0.2576	0.0029*
	(−1.54)	(1.78)
Inder	−1.0603	0.0382***
	(−1.25)	(4.29)
Board	−0.2152	0.0043
	(−0.56)	(1.24)
Shr5	0.0359***	0.0001**
	(6.39)	(2.31)
MH	−0.8540**	0.0006
	(−2.36)	(0.19)

variable	(1)	(2)
	Myopia	*RTK*
Cap	−0.6790***	−0.0017**
	(−6.72)	(−2.16)
Year	Yes	Yes
Ind	Yes	Yes
_cons	−11.8285***	0.1399***
	(−7.08)	(5.78)
N	4053	4053
R²	0.3059	0.2530
Sobel Z(p 值)	2.83(0.0047)	

独立董事履职效率的路径分析：独立董事参与公司治理，履行职能的过程是一个"黑匣子"，学术界试图打开这个"黑匣子"，目前只能通过上市公司现有公开披露的数据来测度独立董事的个人履职效率（郑志刚等，2017）[134]。目前公开披露数据适合衡量履职效率的有独立董事参会次数和独立董事在董事会中发表的意见等，根据现有文献总结，本书从独立董事勤勉度（Attendance）和独立董事投资意见的充分表达效果（Opinion）两个维度指标来衡量独立董事个人层面的履职效率。

第二、独立董事勤勉度中介效应。

当企业独立董事薪酬均值高于同行业独立董事薪酬均值时，明显会获得薪酬的满足感和优越感，使得企业独立董事处于社会比较的"获益"状态，独立董事会提高会议出勤率来表现出自己工作态度和监督职责履职的努力程度，独立董事的参会次数增多，有助于独立董事了解公司内部经营情况，降低信息不对称，提高独立董事的监督效率。进而可以降低因经理人自身的风险偏好而放弃的长期投资项目，降低了经理人的寻租空间，进而有助于企业风险承担水平的提升。因此，本书预期，当企业独立董事薪酬高于同行业薪酬均值时，独立董事外部薪酬差距可以增强独立董事的勤勉度，进而提升企业风险承担水平。根据已有研究，本书使用独立董事年度平均参与董事会会议的次数（Attendance）衡量独立董事勤勉度。

表6-12列（1）—（2）报告了高于行业薪酬均值的样本中，独立董事勤勉度在独立董事外部薪酬差距和企业风险承担水平的中介作用。列（1）是独立董事外部薪酬差距（EXGAP1）与独立董事平均参加董事会的次数（Attendance）之间的回归结果。可以看出，高于行业均值的独立董事外部薪酬差距（EXGAP1）与独立董事平均参加董事会的次数在1％水平上显著正相关（b=0.2111,t=1.81），表明高于行业均值的独立董事外部薪酬差距的能够激励独立董事积极参与董事会会议。表6-12列（2）报告了加入中介因子，独立董事外部薪酬差距（EXGAP1）与企业风险承担水平（RTK）的回归系数在1％水平上显著正相关（b=0.0067,t=5.12），独立董事平均参加董事会的次数（Attendance）与企业风险承担水平（RTK）的回归系数在1％水平上显著正相关（b=0.0005,t=2.96）。同时还报告了Sobel检验的结果，也证明了独立董事勤勉度的部分中介效应的结果成立。因此，可以表明独立董事外部薪酬差距激励可以通过促进独立董事参会，提高履职效率而提升企业风险承担水平。

表6-12 独立董事勤勉度中介效应

variable	(1) Attendance	(2) RTK
EXGAP1	0.2111*	0.0067***
	(1.81)	(5.12)
Attendance		0.0005***
		(2.96)
Size	0.5415***	−0.0037***
	(6.98)	(−3.34)
Lev	3.2772***	−0.0017
	(10.40)	(−0.31)
Age	−0.2396**	0.0057***
	(−2.12)	(4.21)

续表

variable	(1) Attendance	(2) RTK
Roe	−1.3069***	−0.1077***
	(−3.05)	(−10.23)
Growth	0.5630***	0.0080***
	(4.88)	(3.81)
PPE	−3.5803***	0.0017
	(−9.05)	(0.30)
Dual	0.2037*	0.0033*
	(1.68)	(1.95)
Inder	−6.5804***	0.0257***
	(−11.99)	(3.01)
Board	−2.4390***	−0.0004
	(−8.59)	(−0.11)
Shr5	−0.0242***	0.0001*
	(−6.37)	(1.95)
MH	1.0893***	0.0012
	(4.50)	(0.37)
Cap	0.1390***	−0.0019***
	(2.84)	(−2.75)
Year	Yes	Yes
Ind	Yes	Yes
_cons	2.6832**	0.1544***
	(2.22)	(9.14)
N	5632	5632
R^2	0.2101	0.1978
Sobel Z(p值)	6.88(0.0000)	

第三、独立董事投资意见的充分表达效果中介效应。

根据《公司法》规定，独立董事具有对其所兼职的公司投资收购等重大事项发表独立意见的权力。当企业独立董事薪酬均值高于同行业独立董事薪酬均值时，明显会获得薪酬的满足感和优越感，使得企业独立董事处于社会比较的"获益"状态，不仅能够调动独立董事发挥监督管理层的积极性，还能敦促独立董事基于股东利益出发积极介入公司投资活动，利用专业的财务知识协助企业控制财务风险，可以制止管理层防御行为，增强其对风险的把控能力。利用丰富的资源协助企业解决融资困难，增强企业的投资机会的把握能力（马连福和高塬，2020）[269]。总体而言，独立董事投资意见的充分表达会提高经理人对投资机会的把握能力，加大闲置资金的利用率，增加对R&D等未来成长性项目的投资支出，进而提升企业风险承担水平。因此，本书预期，当企业独立董事薪酬高于同行业薪酬均值时，独立董事外部薪酬差距可以增强独立董事对投资意见的充分表达效果，进而提升企业风险承担水平。本书使用年内独立董事针对投资收购事项提出的意见数量（Opinion）作为独立董事投资意见的充分表达效果。

表6-13列（1）—（2）报告了高于行业薪酬均值的样本中，独立董事投资意见在独立董事外部薪酬差距和企业风险承担水平的中介作用。列（1）是独立董事外部薪酬差距（EXGAP1）与独立董事投资意见（Opinion）之间的回归结果。可以看出，高于行业均值的独立董事外部薪酬差距（EXGAP1）与独立董事投资意见（Opinion）在1％水平上显著正相关（b=0.0142,t=2.08），表明高于行业均值的独立董事外部薪酬差距的更能激励独立董事充分表达投资建议。表6-13列（2）报告了加入独立董事投资意见中介因子，独立董事外部薪酬差距（EXGAP1）与企业风险承担水平（RTK）的回归系数在1％水平上显著正相关（b=0.0066,t=5.09），独立董事投资意见（Opinion）与企业风险承担水平（RTK）的回归系数在5％水平上显著正相关（b=0.0065,t=2.02）。同时还报告了Sobel检验的结果，也证明了独立董事投资意见的充分表达效果的部分中介效应的结果成立。因此，可以表明独立董事外部薪酬差距可以激励独立董事通过充分表达对企业重大项目投资建议而促进企业风险承担水平的提高。

表6-13 独立董事投资意见的充分表达效果中介效应

variable	(1) Opinion	(2) RTK
EXGAP1	0.0142**	0.0066***
	(2.08)	(5.09)
opinion		0.0065**
		(2.02)
Size	−0.0026	−0.0037***
	(−0.65)	(−3.35)
Lev	0.0704***	−0.0023
	(3.46)	(−0.43)
Age	−0.0087	0.0058***
	(−1.31)	(4.25)
Roe	0.0402	−0.1079***
	(1.63)	(−10.27)
Growth	0.0284***	0.0078***
	(3.29)	(3.73)
PPE	−0.0486**	0.0022
	(−2.20)	(0.39)
Dual	0.0052	0.0033*
	(0.64)	(1.94)
Inder	−0.0140	0.0260***
	(−0.41)	(3.09)
Board	−0.0094	−0.0003
	(−0.62)	(−0.07)
Shr5	−0.0004*	0.0001**
	(−1.77)	(2.02)
MH	0.0713***	0.0007
	(3.54)	(0.22)

variable	(1)	(2)
	Opinion	*RTK*
Cap	0.0019	−0.0020***
	(0.62)	(−2.77)
Year	Yes	Yes
Ind	Yes	Yes
_cons	0.1067*	0.1536***
	(1.74)	(9.10)
N	5633	5633
R²	0.0352	0.1987
Sobel Z(p 值)	6.85(0.0000)	

六、进一步分析：外部环境异质性分析

独立董事所处的资本市场环境会影响独立董事履职效率的发挥，良好的制度环境可以为独立董事有效履职提供保障，同时，良好的制度环境也可能与独立董事治理效应发挥存在相互替代的作用。从公司发展的经济环境来看，宏观经济环境以及经济制度的完善能够影响企业风险承担水平。本书还结合外部环境异质性对独立董事外部薪酬差距与企业风险承担水平的关系进行分类检验。接下来主要从地区社会信任水平、市场竞争环境和外部治理水平三方面进行异质性分析。

（一）地区社会信任水平（Trust）

社会信任是一个组织内的相互信任程度（Wu 等，2014；Li 等，2017）[293-294]。社会信任作为一种非正式制度，可以与正式制度产生相互替代作用。一方面，社会信任可以有效缓解企业面临的代理问题，具体是通过缓解经理人的职业忧虑而降低代理成本。如果上市公司所处地区的社会

信任水平比较高，当地的企业就处于一种相互信任的氛围，同样，公司的股东对经理人的信任程度也是较高的，对经理人的失败容忍度也是较高的，公司短期业绩的降低或者个别项目的失误并不会影响经理人的薪酬，股东相信这些问题并非全部都是经理人的责任，是因为存在一些不可控制的外部因素导致的。因此，在社会信任水平较高地区的企业，经理人被迫解雇的概率比较低，经理人的职业忧虑较低。于是经理人主动承担一些有助于企业长期发展，但是存在一定风险的投资项目，进而提高企业风险承担水平。另外一方面，社会信任能够减少由信息不对称引起的摩擦并降低交易成本，从而使企业更容易获得外部资金的支持（Bottazzi 等，2016）[295]。社会信任高的地区企业更容易获得更多的商业信用，促进投资者的资金供给，缓解企业的融资约束，进而提高了企业风险承担水平。因此，在社会信任高的地区中，其当地文化特征就决定了当地企业具有较高的风险承担水平，无论独立董事的监督与咨询职能是否得到充分发挥，对企业风险承担水平的提升作用微不足道，即独立董事治理作用对企业风险承担的增量影响在社会信任高的地区的企业中较小。然而在社会信任程度较低的地区中，管理层天然的风险规避倾向以及高风险项目获取外部融资压力较大的情况下，企业风险承担水平较低。此时独立董事的作用就可以得到充分发挥，独立董事监督职能可以抑制管理层短视程度，以及利用其社会关系可以为企业获得资金支持，为企业高风险项目获得融资的可能性，提升企业风险承担水平。综上所述，在企业独立董事薪酬均值高于同行业独立董事薪酬均值组，相比于社会信任高地区的企业，独立董事外部薪酬差距与企业风险承担水平的关系在社会信任低地区的企业中更强。

表6-14的第（1）列结果显示，社会信任水平较高的地区中，独立董事外部薪酬差距（EXGAP1）的回归系数不具有统计上的显著性（b=0.0026,t=1.17）。第（2）列结果显示，社会信任水平较低的地区中，独立董事外部薪酬差距（EXGAP1）的回归系数在1％水平上显著为正（b=0.0083,t=4.81）。说明当独立董事薪酬高于行业均值时，独立董事外部薪酬差距提升企业风险承担水平在低社会信任地区的企业组中影响更强。

表6-14　地区社会信任水平分组回归结果

	(1)	(2)
	Trust=1	Trust=0
variable	*RTK*	*RTK*
EXGAP1	0.0026	0.0083***
	(1.17)	(4.81)
Size	−0.0007	−0.0049***
	(−0.41)	(−4.03)
Lev	−0.0038	−0.0009
	(−0.55)	(−0.17)
Age	0.0064***	0.0060***
	(2.60)	(3.43)
Roe	−0.0531***	−0.1332***
	(−5.88)	(−21.05)
Growth	0.0058***	0.0088***
	(2.68)	(5.07)
PPE	0.0261***	−0.0094
	(3.30)	(−1.44)
Dual	0.0014	0.0032*
	(0.51)	(1.68)
Inder	0.0013	0.0366***
	(0.10)	(3.93)
Board	−0.0061	0.0037
	(−1.04)	(0.83)
Shr5	0.0002**	0.0001
	(1.98)	(0.98)
MH	0.0066	−0.0004
	(1.06)	(−0.10)
Cap	−0.0039***	−0.0010
	(−3.94)	(−1.32)

续表

	(1)	(2)
	Trust=1	Trust=0
variable	*RTK*	*RTK*
Year	Yes	Yes
Ind	Yes	Yes
_cons	0.1330***	0.1697***
	(5.45)	(8.40)
N	1819	3664
R^2	0.2030	0.2328

（二）市场竞争环境（Monopoly）

独立董事对企业风险承担水平的影响在垄断行业与非垄断行业中是否存在差异？从产品市场竞争的角度分析，首先，基于市场竞争外生性观点，普遍认为产品市场竞争环境越激烈，企业经营业绩的波动性越高，企业风险承担水平也越高。Aghion等（2005）发现，相较于非垄断行业，垄断行业的市场竞争程度较低，垄断企业本身就可以获得巨额的垄断租金，由于长期处于缺乏竞争的环境导致其没有发动变革的动力，缺乏创新投资的动力，企业的风险承担水平也较低[296]。其次，与垄断行业相比较，竞争性行业的企业更容易获得可以进行比较的参照物，即竞争性行业的独立董事也更易获得薪酬攀比的基准（罗宏等，2016）[297]。Stapel和Koomen（2000）研究发现，当个体所处的地区竞争环境越激烈，个体的情绪会更加紧绷，也越倾向于与他人进行比较。当独立董事所处的环境竞争越激烈，社会比较效应就会更加凸显，薪酬满意度更大程度上决定独立董事履职的积极性[298]。最后，由于非垄断行业获利空间相对较小，就需要不断地更新产品来获取市场份额，研发新产品就需要技术和资金的支持，独立董事可以利用其专业背景知识为企业投资战略、方向以及强度等具体的实施方案提出有价值且可行性较强的参考意见，进而提升企业风险承担水平。综上所述，独立董事薪酬高于行业均值组，相比于垄断性企业，独立董事外部薪酬差距与企业风险承担水平的关系在竞争性行业中更强。

为检验市场竞争环境对独立董事外部薪酬差距与企业风险承担水平的影响，本部分将高于行业均值的样本按照市场竞争程度分为市场竞争程度低的垄断性企业、市场竞争程度高的竞争性行业两组子样本，结果如下表6-15。第（1）列结果显示，垄断性企业的独立董事外部薪酬差距（EXGAP1）对企业风险承担水平（RTK）的回归系数不具有统计上的显著性（b=0.0012,t=0.28）；第（2）列结果显示，竞争性企业中的独立董事外部薪酬差距（EXGAP1）对企业风险承担水平（RTK）的回归系数在1％水平上显著正相关（b=0.0090,t=6.27）。以上结果说明，外部薪酬差距对企业风险承担水平的正向激励在竞争性企业中更显著。

表6-15 市场竞争环境分组回归结果

variable	(1) Monopoly=1 RTK	(2) Monopoly=0 RTK
EXGAP1	0.0012	0.0090***
	(0.28)	(6.27)
Size	−0.0059**	−0.0047***
	(−2.17)	(−5.03)
Lev	−0.0289***	−0.0127***
	(−2.60)	(−3.00)
Age	0.0080*	0.0035**
	(1.90)	(2.39)
Roe	0.0243	−0.1212***
	(1.23)	(−22.56)
Growth	0.0218***	0.0077***
	(5.39)	(5.35)
PPE	0.0142	−0.0006
	(1.33)	(−0.13)
Dual	−0.0091	0.0046***
	(−1.59)	(2.80)

续表

variable	(1) Monopoly=1	(2) Monopoly=0
	RTK	*RTK*
Inder	0.0437**	0.0264***
	(2.01)	(3.37)
Board	0.0172*	−0.0005
	(1.78)	(−0.13)
Shr5	−0.0001	0.0000
	(−0.70)	(1.06)
MH	0.0095	0.0025
	(0.67)	(0.74)
Cap	0.0001	−0.0007
	(0.08)	(−1.21)
Year	Yes	Yes
_cons	0.1172***	0.1674***
	(2.72)	(11.03)
N	453	5180
R^2	0.1923	0.1697

（三）外部治理水平（Market）

市场化水平不仅与市场中介组织发育、法律制度环境密切相关，而且会对上市公司的内部治理产生一定的替代作用，并最终影响独立董事监督管理层的效果。首先，在市场化水平较高的地区，制度和法律环境较好，可以有效保护中小投资者的合法权益，第三方监管机构也发育良好且可以对企业的经营决策进行有效监管，因此市场化水平可在一定程度上缓解公司内部监管的负担，释放独立董事的压力（辛清泉和谭伟强，2009）[299]。其次，市场化水平高能有效降低信息不对称程度（张丽平和付玉梅，2017）[300]，市场化水平较高的地区上市公司软性信息通常较少，市场竞争能加快信息的流动速度。最后，在市场化程度较低的地区，企业从资本市场中获取充分资源的可能性及便利性大大降低，此时独立董事就显得更为重要，独立董事依靠其专业知识和社会资本从外部获取资源的能力对企业风险承担水平的影响更强。总之，我们推断，市场化水平与独立董事之间存在替代作用。即独立董事薪酬高于行业均值组，相比于市场化程度高地区的企业，独立董事外部薪酬差距与企业风险承担水平的关系在市场化程度较低地区的企业中更强。

我们进一步分析企业所处地区的市场化进程如何影响独立董事外部薪酬差距与企业风险承担水平之间的关系，我们在高于行业均值的样本中分组采用模型（6-1）进行回归，回归结果列示于表6-16。第（1）列结果显示，在市场化进程高地区的样本企业中，独立董事外部薪酬差距（EXGAP1）与企业风险承担水平（RTK）的回归系数不具有统计上的显著性（b=0.0033,t=1.63）；第（2）列结果显示，市场化进程低地区样本组中，独立董事外部薪酬差距（EXGAP1）对企业风险承担水平（RTK）的回归系数在1％水平上显著正相关（b=0.0083,t=4.61）。说明相比于市场化竞争程度高地区的企业，独立董事外部薪酬差距与企业风险承担水平的关系在市场化竞争程度较低地区的企业中更强。

表6-16　外部治理水平分组回归结果

	(1)	(2)
	Market=1	Market=0
variable	*RTK*	*RTK*
EXGAP1	0.0033	0.0083***
	(1.63)	(4.61)
Size	−0.0043***	−0.0036***
	(−3.26)	(−2.73)
Lev	−0.0027	−0.0011
	(−0.45)	(−0.19)
Age	0.0100***	0.0049**
	(4.76)	(2.57)

续表

	(1)	(2)
	Market=1	Market=0
variable	*RTK*	*RTK*
Roe	−0.0687***	−0.1333***
	(−9.36)	(−19.02)
Growth	0.0061***	0.0098***
	(3.48)	(5.03)
PPE	0.0177***	−0.0068
	(2.62)	(−0.97)
Dual	0.0045*	0.0032
	(1.95)	(1.50)
Inder	0.0285***	0.0253**
	(2.76)	(2.50)
Board	−0.0043	0.0028
	(−0.87)	(0.58)
Shr5	0.0002**	0.0000
	(2.57)	(0.28)
MH	0.0195***	−0.0045
	(3.54)	(−1.15)
Cap	−0.0025***	−0.0014*
	(−2.99)	(−1.66)
Year	Yes	Yes
Ind	Yes	Yes
_cons	0.1614***	0.1779***
	(7.92)	(7.42)
N	3389	2244
R^2	0.2298	0.1918

本章小结

近年来，部分上市公司的独立董事获取了高额的薪酬，但高水平的薪酬激励对独立董事监督经理人寻租的影响尚不明确。本书基于社会比较理论，根据独立董事行业薪酬比较基准，试图探讨独立董事外部薪酬差距对其公平性感知的影响。本书借助对高管外部薪酬差距的定义通过合理的方式确定独立董事外部薪酬差距，并实证检验独立董事外部薪酬差距对企业风险承担水平的影响。

研究结果显示：（1）首先，以行业薪酬均值为基准，区分为高于行业均值的独立董事外部薪酬差距和低于行业均值的外部薪酬差距。实证结果发现，高于行业均值的独立董事外部薪酬差距可以促进企业风险承担水平，且海归独立董事可以增强独立董事外部薪酬差距对企业风险承担水平的促进作用。但是低于行业均值的独立董事外部薪酬差距对企业风险承担水平的影响不显著。本章的研究表明，薪酬激励效果会受到行业薪酬基准的影响，对于独立董事这一注重外部市场声誉的社会精英群体，当薪酬水平低于行业均值时，独立董事认为自身的价值被低估了，社会比较处于"损失"状态，会引发独立董事不满情绪，不履职就是最直接表达不满情绪的表现，只有在独立董事激励相对充分（高于行业均值）时，独立董事薪酬设计才会发挥预期的激励作用。说明企业需要设计合理的独立董事薪酬体系，根据行业薪酬基准，给予独立董事具有竞争性的薪酬水平，才能有效的对独立董事起到激励作用。这对于深化独立董事薪酬制度改革，增强独立董事激励效果有重要意义。（2）企业风险承担不足的一个重要因素就是管理层短视，而独立董事发挥其监督作用可以在一定程度上缓解管理层短视；独立董事积极参加董事会议、基于股东利益对重要投资项目提出建议，可以督促管理层提高对投资机会的把握能力。机制检验中发现，高于行业均值的独立董事外部薪酬差距可以促进独立董事履职、缓解管理层短视行为，进而提升企业风险承担水平。说明基于社会比较理论的外部薪酬差距是激励独立董事积极履职的关键因素。（3）接下来，在进一步研究中探讨了独立董事外部薪酬差距的激励作用在不同的地区社会信任水平、市场竞争程度及市场化进程中对企业风险承担水平影响效应的异质性，研究结果发现，独立董事的增量效应在社会信任水平低地区、竞争性行业和市场化进程低的企业中更强，这说明独立董事的"治理假说"与外部制度环境存在相互替代的作用。

第七章
研究结论、政策建议与
进一步研究的方向

第一节　研究结论

一、独立董事薪酬水平可以提升企业风险承担水平

在市场风险不断增加的今天，企业的风险承担水平受到人们的密切关注。企业对高风险项目选择的态度也就反映企业的风险承担水平。实施高风险的投资项目，能够提高企业未来业绩增长，对经济增长有很大推动作用。而独立董事作为董事会的成员之一，其监督、咨询及资源效应的发挥对企业的风险承担水平产生了独特的作用。

本书第四章按照行业和年度分析了独立董事薪酬水平的特征以及独立董事薪酬水平对企业风险承担水平影响的效应。我们通过国泰安数据库，然后搜集其中的高管个人资料数据库，通过高管的职务筛选出来独立董事相关的所有数据，并参考年报中独立董事薪酬数据补齐。将每家公司每年内聘任的所有独立董事的薪酬进行平均，然后取自然对数，即得到各个公司年度内独立董事薪酬水平，即是本章节的解释变量。本书第四章中根据独立董事履职效率理论、资源依赖理论和管理者风险规避假说为理论分析了独立董事薪酬水平对企业风险承担水平的影响效果，为了进一步检验独立董事薪酬水平高低对独立董事激励是否存在差异，把样本按照独立董事的平均薪酬是否高于其年度行业中位数，区分为高平均薪酬组和低平均薪酬组，也为第五章和第六章研究做铺垫。然后建立相关模型后实证研究了全样本、高平均薪酬组和低平均薪酬组独立董事薪酬水平对企业风险承担水平的影响效果，并且引入海归独立董事背景特征对两者之间关系的影响。进一步探究了独立董事薪酬水平影响企业风险承担水平的路径，首先，企业风险承担不足的一个重要原因是管理层短视，独立董事其中一重要职责就是监督管理层，防止其为了规避风险和维护自己的利益，更关注短期绩效，迫使企业失去优质的长期投资项目。其次，出席董事会会议可

以作为衡量独立董事的勤勉度，而独立董事的勤勉度也决定了独立董事的履职成效，因为独立董事参与董事会会议可以获取公司大量内部信息，也是独立董事发表意见的主要途径，积极参与董事会会议是独立董事履行职责的重要途径。因此，只有充分激励独立董事积极参加董事会会议，促使独立董事利用专长在会议中为企业提出专业的投资建议，才能提高企业对投资机会的把握能力。本书进一步探究了分析师、媒体和机构投资者对上市公司的治理效应。

本章节实证研究结果显示：（1）独立董事薪酬水平仅在全样本和高薪酬组中与企业风险承担水平显著正相关，说明过低的薪酬激励水平不能对独立董事起到激励作用，无法促进独立董事履职成效；其次，具有海外背景的独立董事可以增强独立董事薪酬水平对企业风险承担水平的促进作用。（2）机制检验中发现，独立董事薪酬激励可以提升独立董事履职效率，积极参加董事会会议，并为企业投资收购事项提出建议、缓解管理层短视行为，促进企业风险承担水平提升。（3）在进一步研究中发现，当分析师关注度低、媒体关注度低以及机构投资者持股比例低较低时，独立董事薪酬水平与企业风险承担水平正相关关系更显著，说明独立董事与分析师、媒体、机构投资者在监督治理方面存在替代效应。

二、独立董事内部薪酬差距可以提升企业风险承担水平

独立董事在上市公司董事会中主要就是监督与咨询作用。激励独立董事旨在促进其认真有效的进行监督。近年来，一些上市公司根据自身的经营风险，以及独立董事需要承担的风险，再结合独立董事工作的努力程度，推行与独立董事付出相挂钩的薪酬激励计划，逐步出现差别化的薪酬政策，从而诱导独立董事工作的积极性和主动性，逐渐形成独立董事的激励机制。

本书第五章统计了存在内部薪酬差距的样本，并分组分析了独立董事内部薪酬存在差距组和不存在差距组之间的差异性，独立董事内部薪酬差距对企业风险承担水平影响的效应。我们统计出独立董事是否存在内部薪酬差距，并计算出每家公司每年内聘任的所有独立董事的最高薪酬和最低

薪酬的差额，即得到各个公司年度内独立董事内部薪酬差距，即本章节的解释变量。然后建立相关模型后实证研究了独立董事内部薪酬差距对企业风险承担水平的影响效果，并且引入具有海归背景独立董事对两者关系的影响。进一步探究了独立董事内部薪酬差距对企业风险承担水平的影响机理，首先，企业风险承担不足的一个重要原因是管理层短视，独立董事其中一重要职责就是监督管理层，防止其为了规避风险和维护自己的利益，更关注短期绩效，迫使企业失去优质的长期投资项目。其次，企业要想更好地把握投资机会，就需要通过薪酬激励独立董事参加企业董事会会议并提供专业的投资建议。之后进一步对薪酬差距与企业风险承担水平的正效应进行剖析，探究是否存在非线性效应以及不同水平的独立董事内部薪酬差距可否出现薪酬公平性问题，于是本书进一步将独立董事内部薪酬差距分组研究。将独立董事内部薪酬差距按照从小到大分成三组，薪酬差距最大、薪酬差距中间和薪酬差距最小的三组样本分别与企业风险承担水平进行回归分析。还考虑企业内部治理机制的异质性，从产权性质、股权集中度和CEO权力三方面考虑独立董事内部薪酬差距对企业风险承担水平的影响，并进行具体的分析。

本章节实证研究结果显示：（1）独立董事是否存在内部薪酬差距哑变量和独立董事内部薪酬差距与企业风险承担水平正相关关系，总体上说明独立董事内部薪酬差距对于企业风险承担水平具有正向的激励作用；其次，具有海外背景的独立董事可以增强独立董事内部薪酬差距对企业风险承担水平提高的促进作用。（2）机制检验中发现，基于锦标赛理论的独立董事内部薪酬差距可以促进独立董事履职、缓解管理层短视行为，进而提升企业风险承担水平。（3）进一步研究发现，独立董事内部薪酬差距促进企业风险承担水平的提高仅在内部薪酬差距较大的组，且显著正相关，而在内部薪酬差距居中组和内部薪酬差距较小组不具有显著作用。基于产权性质分组，独立董事内部薪酬差距显著提升了企业风险承担水平仅在民营企业中显著。基于股权集中度分组，独立董事内部薪酬差距显著提升了企业风险承担水平在股权分散企业中更显著。基于CEO权力大小分组，独立董事内部薪酬差距显著提升了企业风险承担水平在CEO权力较小企业中更显著。

三、独立董事外部薪酬差距对企业风险承担水平的差异化影响

独立董事是公司治理机制的一个重要组成部分，也是股东的代理人，需要代表股东的利益对企业的经营战略以及重大发展决策进行建言献策，并监督管理者的日常经营行为和战略决策的执行情况。独立董事与股东之间也存在代理问题，为了降低两者之间的代理成本，加强独立董事的监督作用，促进独立董事勤勉、忠诚的工作，重中之重是解决好对其激励问题。为了确保独立董事工作的积极性，研究独立董事激励问题依然是非常迫切和重要的事情，是当前完善上市公司治理结构的重要环节。

本书第六章分别统计了高于行业均值的外部薪酬差距和低于行业均值外部薪酬差距的样本，并分组分析了两个样本主要变量之间的差异性。独立董事外部薪酬差距对企业风险承担水平影响的效应。我们统计出行业均值，当企业独立董事薪酬均值高于行业平均薪酬，独立董事外部薪酬差距为企业独立董事薪酬均值与行业薪酬均值的比值；当企业独立董事薪酬均值低于行业平均薪酬，独立董事外部薪酬差距为行业薪酬均值与企业独立董事薪酬均值的比值，即是本章节的解释变量，然后建立相关模型后实证研究了独立董事外部薪酬差距对企业风险承担水平的影响效果，并且引入海归独立董事背景特征对两者之间关系的影响。进一步探究了独立董事外部薪酬差距对企业风险承担水平的影响机理，首先，企业风险承担不足的一个重要原因是管理层短视，独立董事其中一重要职责就是监督管理层，防止其为了规避风险和维护自己的利益，更关注短期绩效，迫使企业失去优质的长期投资项目。其次，只有激励独立董事积极参加会议，并利用自己的专业所长在董事会会议上为企业提出专业的投资建议，可以提高对投资机会的把握能力。在进一步研究中考虑了外部环境异质性的影响，探讨了不同地区社会信任水平、市场竞争环境及市场化进程对独立董事外部薪酬差距与企业风险承担水平之间的差异化影响效应。

本章节实证研究结果显示：（1）高于行业均值的独立董事外部薪酬差距可以促进企业风险承担水平的提升。但是低于行业均值的独立董事外部

薪酬差距对企业风险承担水平的影响不显著。当薪酬低于行业薪酬基准时，并不能实现预期的激励效果，只有在独立董事激励相对充分（高于行业均值）时，独立董事薪酬设计才会发挥预期的激励作用；其次，当薪酬高于行业薪酬基准时，具有海外背景的独立董事可以增强独立董事外部薪酬差距对企业风险承担水平提高的促进作用。（2）机制检验中发现，高于行业均值的独立董事外部薪酬差距可以促进独立董事积极履职、缓解管理层短视行为，进而提升企业风险承担水平。说明基于社会比较理论的独立董事外部薪酬比较"获益"可以提升独立董事的履职积极性；（3）在进一步研究中发现，首先，按照地区社会信任水平高低分组，独立董事外部薪酬差距提升企业风险承担水平在社会信任水平较低的地区组的企业影响更强；其次，按照行业竞争程度分析，相比于竞争性企业，独立董事外部薪酬差距与企业风险承担水平的关系在竞争性行业中更强；最后，按照市场化进程分组，相比于市场化竞争程度高的企业，独立董事外部薪酬差距对企业风险承担水平影响在市场化竞争程度较低的企业中更显著。

第二节　政策建议

一、结合中国的制度背景，完善独立董事薪酬激励约束机制

独立董事制度作为公司治理机制的重要一环，要保证独立董事的作用能够有效发挥，目前的关键之处在于解决好其激励问题，独立董事的薪酬激励问题仍是当前完善上市公司治理结构的关键环节。本书的研究结果表明，货币薪酬激励可以促使独立董事积极履行职责，改善企业投资决策，增强最终将带来企业风险承担水平的提高。从上市公司来看，目前中国上市公司主要以津贴性质的货币薪酬激励董事，并报销一些合理费用，而不允许用股权激励独立董事，所以，增强独立董事薪酬激励强度的关键在于提高独立董事的平均薪酬水平。而独立董事薪酬的增加不仅提高公司激励

强度，而且增强了其声誉损失潜在的机会成本。由于中国特殊的制度背景，在保障独立董事平均薪酬激励水平基础上，为独立董事提供差别化的薪酬可以丰富独立董事薪酬结构，因此，从提高独立董事的激励效果出发，中国上市公司需要在固定薪酬的基础上进一步推出了针对独立董事努力程度与风险分担的变动薪酬方案，使得独立董事的货币性薪酬激励在独立董事的激励中占据主导地位。从国家层面来说，目前我国独立董事薪酬激励手段单一，固定薪酬导致独立董事缺乏动力，必然会影响激励效果，构建多元的激励机制是促进独立董事勤勉工作的关键。首先，可以尝试将股票期权等有效的长期激励机制引入到独立董事薪酬中，形成现金薪酬与股票薪酬激励相结合的模式，或者仅以股票薪酬激励的合约设置，这样可以促使独立董事把自身利益与股东利益趋于一致，促使独立董事真正考虑到企业的未来发展，有助于增强独立董事的监督力度，进而有效的调动独立董事参与公司治理的积极性。其次，加强非物质激励机制。独立董事的声誉激励是影响独立董事工作的重要因素。实施独立董事的第三方培养机构，建立单独的独立董事专业人才资源库，上市公司可以进行自行选择合适的人才，实施独立董事与上市公司双向选择，逐步建立独立董事市场机制，鼓励独立董事有序竞争，促进独立董事个人信誉和声誉的社会评价体系的形成。上市公司可以通过人才库直接挑选具有某方面专业特长的、适合本公司的独立董事，倘若挑选的独立董事没有履行应尽的职责和发挥有效的治理作用，上市公司则可以直接将独立董事辞退回人才库，这样就形成了独立董事声誉机制，声誉激励在某些方面可起到很大的促进作用，推动外部董事市场的发展和完善，以加强对独立董事寻租行为的约束。最后，独立董事的薪酬受制于外界将极大程度地提高其执业独立性，因此，建议由上市公司出资并由中国证监会牵头成立第三方独立董事薪酬发放机构，这样可以直接减少独立董事与公司之间的资金往来关系，更好地维护独立董事的独立性，这种形式更有助于独立董事发表客观公正的建议。

二、建立海外人才引进机制，优化企业投资决策

进入90年代，在改革开放不断深化的背景下，政府不断完善引进政策

吸引海外优秀人才回国择业、创业，由此，大量的优秀人才回流，促使我国诸多企业开始走向国际大舞台，提升了我国企业的国际竞争力，助推中国战略性新兴产业的发展。海外背景人才可以利用先进的管理方式和知识溢出帮助企业更好的适应外界环境的变化，更加先进的创新理念、经营方式带入企业日常管理活动中，促进企业长期发展。宏观方面上，国家应增加相关人员赴海外学习深造的机会，完善公费资助管理体制，加大海外人才引进力度，提升优秀海归的薪资标准，从而吸引和坚定不移地鼓励海外优秀人才回国贡献自己的力量，形成"人才磁铁"的集聚效应。同时，政府要维护人才竞争的公平秩序，保障海归人才充分发挥其聪明才智，助推我国经济的升级转型。从微观的企业层面来看，企业应该考虑和重视海归人才参与到企业董事会成员的选聘，形成企业海归人才储备库，同时依靠海外背景独立董事的市场前瞻性、专业性和风险预判力优化企业战略决策，帮助企业做出合理且平衡的投资决策以提升资源配置效率和实现企业经济效益最大化。聘请具有海外经历的独立董事有助于董事会的有效性的提升，合理的独立董事薪酬激励机制有助于发挥人才激励效应，同时，为学有专长的人才提供合适的岗位和有利的资源平台，有助于提升企业的核心竞争力，推动企业持续健康发展。

三、完善独立董事制度，合理提升企业风险承担水平

供给侧结构性改革背景下，适当提升企业风险承担水平是企业提高市场占有率、保持持续竞争优势和业绩增长的重要途径。企业在进行投资决策的过程中，需要同时关注风险与收益，应该有效的识别并充分重视那些虽然风险较高，但是同时可以带来较高回报的项目，最后做到收益与相关风险之间的最优平衡。现有研究证明，适当的提高企业风险承担水平有助于企业研发新产品、拓展市场占有率、提升企业绩效以及推动社会经济的进步与发展。与此同时，在鼓励企业适当承担风险的同时，也要防止企业过度承担风险，以防企业陷入过高的风险，濒临破产等危机。因此，不仅要鼓励企业适当承担风险，也要提醒企业要做好风险管理应对措施。基于本书的研究结论，独立董事薪酬激励能够影响企业风险承担水平产生，因

此，应该充分认识到独立董事的治理能力。从企业层面上，代理问题的存在导致了管理层机会主义与短视行为，企业应该建立良好的内部监督机制，加强内部治理水平，可以有效缓解企业代理冲突，从而缓解管理层短视导致的企业风险承担不足。独立董事作为重要的内部治理机制，企业应该重视独立董事的选聘标准，尽量挑选对该行业具有全面了解以及具备丰富的资源关系和专业知识的独立董事，积极听取独立董事关于风险决策的建议，适当增加风险投资行为，提升企业风险承担水平。从国家层面上，我国政府应该不断完善独立董事制度，建立和完善对独立董事履职信息进行披露的监督机制，对独立董事不履行职责给予相应的处罚机制，为企业约束独立董事积极履职提供相对有效的制度保障。促进企业提高风险承担水平，进而增加企业的R&D投入和提高社会全要素生产率。

第三节　进一步研究的方向

本书研究了独立董事薪酬激励对企业风险承担水平的影响，相关内容涉及到独立董事薪酬水平、独立董事内部薪酬差距和独立董事外部薪酬差距对企业风险承担水平的影响，以及管理层短视程度、独立董事勤勉度以及独立董事对投资并购等重大项目意见充分表达效果的中介作用。本书说明独立董事在维护股东的长远利益、创造更大价值方面发挥了作用，独立董事能够有效的识别企业的财务状况，通过发表投资事项意见对管理层决策进行监督，促使风格保守的管理层积极承担经营风险，把握投资机会。本研究还存在一些不足，有待于进一步深化和扩展：

第一，在独立董事职能影响方面，根据本书的经验证据表明，给予独立董事激励性的薪酬可以促进其更好地发挥监督和咨询行为。独立董事和经理人在薪酬决策上均属于内部控制人，可能会为了实现相同的利益目标，而形成互惠关系，导致独立董事监督能力减弱。显然，薪酬激励对独立董事的独立性存在一定的负面影响。但是需要指出的是，本书的研究问题是给予独立董事薪酬激励的"正面效应"，只是对这方面进行了相应的实证检验。本书并没有对给予独立董事薪酬激励的"负面效应"进行检验，有待日后进一步深入研究。总之，如何合理设置独立董事薪酬激励机制仍是非常重要的议题。

第二，本书尚未进一步考虑独立董事薪酬激励是否会影响其参与制定经理人薪酬契约的积极性。如果受聘单位给予独立董事充足的薪酬激励，可能会影响到独立董事参与和制定经理人的薪酬合约的积极性与合理性，于是进一步可能会影响到经理人的薪酬契约敏感性，进而影响到对经理人的风险承担能力，最终影响企业风险承担水平。本书还尚未探讨独立董事地理距离抑或独立董事与高管的亲密关系对独立董事职能发挥作用产生的影响，但是这些因素也值得深入研究。

第三，此外，还需要说明的是，虽然拥有海外背景的独立董事对提升企业风险承担水平具有一定的影响，但是海归独立董事之间具有一定的异质性，如来自发达国家和非发达国家的经历对海归独立董事的决策影响存在本质差异，有待日后围绕海归独立董事之间的异质性进行更深入的拓展性分析，进而令研究结论更加符合企业的实际情况。

参考文献

[1] 杨锴,赵希男,周岩.治理能力优势多样性导向的独立董事选聘研究[J].经济管理,2018,40(02):55-71.

[2] Masulis R. W., Mobbs S. Independent director incentives: where do talented directors spend their limited time and energy?[J]. Journal of Financial Economics, 2014, 111(02): 406-429.

[3] John K., Litov L. P., Yeung B., et al. Corporate governance and risk-taking[J]. Journal of Finance, 2008, 63(04): 1679-1728.

[4] 何威风,刘巍,黄凯莉.管理者能力与企业风险承担[J].中国软科学,2016(05):107-118.

[5] Bertrand M., Mullainathan S. Enjoying the quiet life? Corporate governance and managerial preferences[J]. Journal of Political Economics, 2003(111): 1043-1075.

[6] 肖金利,潘越,戴亦一."保守"的婚姻:夫妻共同持股与公司风险承担[J].经济研究,2018,53(05):190-204.

[7] Coles J. L., Daniel N. D., Naveen L., et al. Managerial incentives and risk-taking[J]. Journal of Financial Economics, 2006, 79(02): 431-468.

[8] Dong Z., Wang C., Xie F., et al. Do executive stock options induce excessive risk taking[J]. Journal of Banking and Finance, 2010, 34(10): 2518-2529.

[9] Faccio M., Marchica M., Mura R. CEO gender, corporate risk-taking, and the efficiency of capital allocation[J]. Journal of Corporate Finance, 2016,39(03): 193-209.

[10] 李文贵,余明桂.所有权性质、市场化进程与企业风险承担[J].中国

工业经济,2012(12):115-127.

[11] 余明桂,李文贵,潘红波.民营化、产权保护与企业风险承担[J].经济研究,2013,48(09):112-124.

[12] 李小荣,张瑞君.股权激励影响风险承担:代理成本还是风险规避?[J].会计研究,2014(01):57-63,95.

[13] 董保宝.风险需要平衡吗:新企业风险承担与绩效倒U型关系及创业能力的中介作用[J].管理世界,2014(01):120-131.

[14] Hope O., Lu H., Saiy S. Director compensation and related party trans-actions[J]. Review of Accounting Studies, 2019, 24(04): 1392-1426.

[15] 李世刚,蒋煦涵,蒋尧明.独立董事内部薪酬差距与异议行为[J].经济管理,2019,41(03):124-140.

[16] 张天舒,陈信元,黄俊.独立董事薪酬与公司治理效率[J].金融研究,2018(06):155-170.

[17] 朱杰.独立董事薪酬激励与上市公司信息披露违规[J].审计与经济研究,2020,35(02):77-86.

[18] 郑立东,程小可,姚立杰.独立董事背景特征与企业投资效率——"帮助之手"抑或"抑制之手"?[J].经济与管理研究,2013(08):5-14.

[19] 郝云宏,甘甜,林仙云.独立董事的身份对企业绩效的影响[J].管理学报,2014,11(04):520-524.

[20] 高凤莲,董必荣,王杰,凌华.独立董事背景特征与审计质量的实证研究[J].审计与经济研究,2020,35(02):27-39.

[21] Armstrong C. S., Core J. E., Guay W. R. Do independent directors cause improvements in firm transparency? [J]. Journal of Financial Economics, 2014, 113(03):383-403.

[22] Anderson R. C., Mansi S. A., Reeb D. M. Board characteristics, account-ing report integrity, and the cost of debt[J]. Journal of Accounting & Economics, 2004,37(03):315-342.

[23] Smith C., Warner J. On financial contracting: An analysis of bond cov-enants[J]. Journal of Financial Economics, 1979,7(02):117-161.

[24] 谢获宝,丁龙飞,廖珂.海外背景董事与债务融资成本——基于董事

会咨询和监督职能的中介效应[J].管理评论,2019,31(11):202-211.

[25] 马连福,高楠.股权结构、境外背景独立董事与公司绩效——来自沪市上市公司的证据[J].山西财经大学学报,2011,33(09):74-82.

[26] 项慧玲.独立董事海外背景、内部薪酬差距与企业绩效[J].华东经济管理,2019,33(10):129-137.

[27] 王化成,王裕,胡静静,崔倚菁.独立董事的海外背景与高管薪酬契约[J].东南大学学报(哲学社会科学版),2015,17(03):67-75,147.

[28] 王裕,任杰.独立董事的海外背景、审计师选择与审计意见[J].审计与经济研究,2016,31(04):40-49.

[29] 郑宇新,薛茗元,欧鹏.媒体背景独立董事与股价崩盘风险[J].当代财经,2019(12):84-95.

[30] Dalziel T., Gentry R. J., Bowerman M. An integrated agency‐resource dependence view of the influence of directors' human and relational capital on firms' R&D spending[J]. Journal of Management Studies, 2011, 48(06): 1217-1242.

[31] 胡元木.技术独立董事可以提高R&D产出效率吗?——来自中国证券市场的研究[J].南开管理评论,2012,15(02):136-142.

[32] 胡元木,刘佩,纪端.技术独立董事能有效抑制真实盈余管理吗?——基于可操控R&D费用视角[J].会计研究,2016(03):29-35,95.

[33] Bravo F., Reguera-Alvarado N. The effect of board of directors on R&D intensity: Board tenure and multiple directorships[J]. R&D Management, 2017,47(05):701-714.

[34] 许永斌,万源星.技术独立董事与家族企业技术创新行为——对独立董事制度的有效性检验[J].宏观经济研究,2019(03):110-120.

[35] 刘中燕,周泽将.技术独立董事与企业研发投入[J].科研管理,2020,41(06):237-244.

[36] 刘浩,唐松,楼俊.独立董事:监督还是咨询?——银行背景独立董事对企业信贷融资影响研究[J].管理世界,2012(01):141-156,169.

[37] 孙甲奎,肖星.独立董事投行经历与上市公司并购行为及其效应研究——来自中国市场的证据[J].会计研究,2019(10):64-70.

[38] 于鹏,闫洁冰.银行背景独立董事监督上市公司了吗?——企业债务融资视角[J].财经论丛,2020(05):65-74.

[39] Dhaliwal D., Naiker V., Navissi F. The association between accruals quality and the characteristics of accounting experts and mix of expertise on audit committees[J]. Contemporary Accounting Research,2010,27(03):787-827.

[40] Naiker V., Sharma D. S., Sharma V. D. Do former audit firm partners on audit committees procure greater nonaudit services from the auditor?[J]. The Accounting Review,2013,88(01):297-326.

[41] 向锐.财务独立董事特征与会计稳健性[J].山西财经大学学报,2014,36(06):102-112.

[42] 吴溪,王春飞,陆正飞.独立董事与审计师出自同门是"祸"还是"福"?——独立性与竞争—合作关系之公司治理效应研究[J].管理世界,2015(09):137-146,188.

[43] 张梅.会计背景独立董事提高了股价信息含量吗?[J].东南学术,2015(03):116-124.

[44] Bédard J., Chtourou S. M., Courteau L. The effect of audit committee expertise,independence,and activity on aggressive earnings managemen[J]. Auditing A Journal of Practice and Theory,2004,23(02):15-37.

[45] 董红晔.财务背景独立董事的地理邻近性与股价崩盘风险[J].山西财经大学学报,2016,38(03):113-124.

[46] 周军.会计专业独立董事选聘与盈余管理——基于人才资源的视角[J].北京工商大学学报(社会科学版),2019,34(04):74-86.

[47] 王凯,武立东,许金花.专业背景独立董事对上市公司大股东掏空行为的监督功能[J].经济管理,2016,38(11):72-91.

[48] 蔡春,唐凯桃,薛小荣.会计专业独立董事的兼职席位、事务所经历与真实盈余管理[J].管理科学,2017,30(04):30-47.

[49] Byrd J., College F. L., Hickman K., et al. The case for independent outside directors[J]. Journal of Applied Corporate Finance,1992,5(03):78-82.

[50] 何任,邵帅,杨青.财务独立董事能否抑制高管的价值损毁行为?——基于我国A股上市公司并购的经验证据[J].南京审计大学学报,2019,16(02):

20-29.

[51] 翟淑萍,袁克丽.财务独立董事职业背景与分析师预测准确性[J].华东经济管理,2019,33(05):123-131.

[52] Agrawal A., Knoeber C. R. Firm performance and mechanisms to control agency problems between managers and shareholders[J].Journal of Financial and Quantitative Analysis,1996,31(03):377-397.

[53] 唐建新,程晓彤.法律背景独立董事与中小投资者权益保护[J].当代经济管理,2018,40(05):26-31.

[54] 全怡,陈冬华.法律背景独立董事:治理、信号还是司法庇护?——基于上市公司高管犯罪的经验证据[J].财经研究,2017,43(02):34-47.

[55] 吕荣杰,郝力晓,吴超.法律背景独立董事:监督还是包庇?[J].上海对外经贸大学学报,2017,24(06):64-74.

[56] 何威风,刘巍.公司为什么选择法律背景的独立董事?[J].会计研究,2017(04):45-51,95.

[57] Valentine S., Fleischman G. Professional ethical standards, corporate social responsibility, and the perceived role of ethics and social responsibility[J]. Journal of Business Ethics,2008,82(03):657-666.

[58] 杜剑,于芝麦.学术型独立董事的声誉与比例对公司股价崩盘风险的影响[J].改革,2019(03):118-127.

[59] 向锐,宋聪敏.学者型独立董事与公司盈余质量——基于中国上市公司的经验数据[J].会计研究,2019(07):27-34.

[60] Audretsch D. B., Lehmann E. Entrepreneurial access and absorption of knowledge spillovers: Strategic board and managerial composition for competitive advantage[J]. Journal of Small Business Management,2006,44(02):155-166.

[61] 章永奎,赖少娟,杜兴强.学者型独立董事、产品市场竞争与公司创新投入[J].经济管理,2019,41(10):123-142.

[62] 黄珺,魏莎.独立董事政治关联对企业信贷融资的影响研究[J].管理评论,2016,28(11):182-190.

[63] 王凯,武立东,薛坤坤.独立董事政治关联的"好"与"坏"——基于上市公司政府补贴的实证研究[J].预测,2017,36(01):54-60.

[64] 魏刚,肖泽忠,邹宏.独立董事背景与公司经营绩效[J].经济研究,2007(03):92-105,156.

[65] Mizruchi M. S., Galaskiewicz J. Networks of interorganizational relations [J]. Sociological Methods & Research,1993,22(01):46-70.

[66] 余峰燕,郝项超.具有行政背景的独立董事影响公司财务信息质量么?——基于国有控股上市公司的实证分析[J].南开经济研究,2011(01):120-131.

[67] 谢志明,易玄.产权性质、行政背景独立董事及其履职效应研究[J].会计研究,2014(09):60-67,97.

[68] 朱凯,林旭,洪奕昕,等.官员独立董事的多重功能与公司价值[J].金融研究,2016(12):128-142.

[69] 邓晓飞,辛宇,滕飞.官员独立董事强制辞职与政治关联丧失[J].中国工业经济,2016(02):130-145.

[70] 罗进辉,谢达熙,陈华阳.官员独立董事:"掠夺之手"抑或"扶持之手"[J].管理科学,2017,30(04):83-96.

[71] Larcker D. F., So E. C., Wang C. C. Y. Boardroom centrality and stock returns[J].2011,Working Paper, Stanford University.

[72] 陈运森,谢德仁.董事网络、独立董事治理与高管激励[J].金融研究,2012(02):168-182.

[73] 傅戴国,夏常源.网络位置、独立董事治理与盈余管理[J].审计与经济研究,2014,29(02):67-75,84.

[74] 万良勇,胡璟.网络位置、独立董事治理与公司并购——来自中国上市公司的经验证据[J].南开管理评论,2014,17(02):64-73.

[75] 刘斌,黄坤,酒莉莉.独立董事连锁能够提高会计信息可比性吗?[J].会计研究,2019(04):36-42.

[76] 李成,吴育辉,胡文骏.董事会内部联结、税收规避与企业价值[J].会计研究,2016(07):50-57,97.

[77] 邢秋航,韩晓梅.独立董事影响审计师选择吗?——基于董事网络视角的考察[J].会计研究,2018(07):79-85.

[78] 陈运森,郑登津.董事网络关系、信息桥与投资趋同[J].南开管理评

论,2017,20(03):159-171.

[79] 周军.社会网络视角下独立董事与企业创新绩效[J].财经论丛,2018(04):75-82.

[80] 孙亮,刘春.公司为什么聘请异地独立董事?[J].管理世界,2014(09):131-142,188.

[81] Alam Z. S., Chen M. A., Ciccotello C. S., et al. Does the location of directors matter? Information acquisition and board decisions[J]. Journal of Financial and Quantitative Analysis,2014,49(01):131-164.

[82] 曹春方,林雁.异地独立董事、履职职能与公司过度投资[J].南开管理评论,2017,20(01):16-29+131.

[83] 张洪辉,平帆.独立董事地理距离、高铁开通与财务重述[J].会计与经济研究,2019,33(05):21-37.

[84] 罗进辉,黄泽悦,朱军.独立董事地理距离对公司代理成本的影响[J].中国工业经济,2017(08):100-119.

[85] 林雁,谢抒桑,刘宝华.异地独立董事与公司创新投入——基于董事会文化多样性视角的考察[J].管理科学,2019,32(04):76-89.

[86] 范黎波,尚铎."近水楼台"还是"舍近求远":独立董事地理距离对掏空程度的影响[J].当代财经,2020(06):138-148.

[87] Lim D. S. K., Morse E. A., Mitchell R. K. Institutional environment and entrepreneurial cognitions: A comparative business systems perspective[J]. Entrepreneurship: Theory & Practice,2010, 34(3):491-516.

[88] 黄芳,杨七中.独立董事本地化对公司盈余管理的影响——来自2010～2014年A股上市公司经验证据[J].财经理论与实践,2016,37(01):81-88.

[89] 周泽将,刘中燕.独立董事本地任职对上市公司违规行为之影响研究——基于政治关联与产权性质视角的经验证据[J].中国软科学,2017(07):116-125.

[90] 周泽将,高雅.独立董事本地任职抑制了大股东掏空吗?[J].中央财经大学学报,2019(07):103-114.

[91] 周泽将,徐玉德.独立董事本地任职会影响企业经营业绩吗?[J].财政

研究,2015(10):95-100.

[92] 罗进辉,向元高,林筱勋.本地独立董事监督了吗?——基于国有企业高管薪酬视角的考察[J].会计研究,2018(07):57-63.

[93] Masulis R. W., Mobbs S. Independent director incentives: where do talented directors spend their limited time and energy?[J]. Journal of Financial Economics, 2014,111(02):406-429.

[94] Fama D., Jensen F. Separation of ownership and control[J]. Journal of Law and Economics.1983,26(02):301-325.

[95] 刘浩,李灏,金娟.不对称的声誉机制与独立董事市场需求——来自中国A股ST公司的经验证据[J].财经研究,2014,40(04):66-78.

[96] Du J., Hou Q., Tang X., et al. Does independent directors' monitoring affect reputation? Evidence from the stock and labor markets[J]. China Journal of Accounting Research, 2018,15(02):256-267.

[97] Brochet F., Srinivasan S. Accountability of independent directors: Evidence from firms subject to securities litigation[J]. Journal of Financial Economics,2014,111(02):430-449.

[98] 陈艳.我国独立董事的声誉激励机制研究[J].经济体制改革,2008(03):77-82.

[99] 陈艳.独立董事声誉与独立董事劳动力市场有效性[J].经济学家,2009(04):5-15.

[100] 周泽将,刘中燕.中国独立董事声誉机制的有效性研究——基于违规处罚市场反应视角的经验证据[J].中央财经大学学报,2015(08):102-112.

[101] 郑路航."名人"独立董事履行职责状况分析——来自中国上市公司的证据[J].中南财经政法大学学报,2011(03):31-37,142-143.

[102] 毛建辉.独立董事声誉能抑制大股东掏空行为吗?——基于中小板的经验数据[J].南京审计大学学报,2018,15(05):66-74.

[103] 罗进辉.独立董事的明星效应:基于高管薪酬业绩敏感性的考察[J].南开管理评论,2014,17(03):62-73.

[104] 罗进辉,黄震,李莉.明星独立董事也是"花瓶"吗——基于双重代理成本的视角[J].山西财经大学学报,2014,36(01):76-90.

[105] 吴先聪,管巍."名人"独立董事、管理层权力与股价崩盘风险[J].现代财经,2020,40(01):98-113.

[106] 杜胜利,张杰.独立董事薪酬影响因素的实证研究[J].会计研究,2004(09):82-88.

[107] 蒋义宏,吴志刚.独立董事津贴与控股股东利益关联性[J].证券市场导报,2004(01):98-103.

[108] 孙璐,李纯建,蔡鸣捷,黄孟.独立董事薪酬影响因素的实证研究——来自四川上市公司的经验证据[J].软科学,2007(03):46-49,54.

[109] 罗党论,徐璇,封煜.独立董事报酬形成机制研究——以中国上市公司为例[J].管理科学,2007,20(02):46-53.

[110] 郭葆春.我国独立董事津贴的实证研究[J].求索,2008(01):35-37.

[111] 孔玉生,王建华,朱乃平.论我国上市公司独立董事薪酬激励机制[J].淮阴工学院学报,2008(02):60-64.

[112] 周良,陈共荣.独立董事背景特征对其薪酬的影响研究[J].求索,2011(03):49-50.

[113] 罗党论.独立董事制度实施效果分析——基于上市公司关联交易的证据[J].南方经济,2006(09):68-72.

[114] 许楠,刘浩,蔡伟成.独立董事人选、履职效率与津贴决定——资产专用性的视角[J].管理世界,2018,34(03):109-123,184.

[115] 宋林,韩向荣.我国独立董事薪酬机制研究[J].当代经济科学,2003(06):53-60,91.

[116] 陈艳.独立董事激励机制:理论和实践的国际比较[J].经济经纬,2007(02):102-105.

[117] 李明辉.独立董事的激励与约束机制研究[J].山西财经大学学报,2006(03):73-81.

[118] 谢德仁,黄亮华.代理成本、机构投资者监督与独立董事津贴[J].财经研究,2013,39(02):92-102.

[119] 董志强,蒲勇健.掏空、合谋与独立董事报酬[J].世界经济,2006(06):71-83,96.

[120] 刘曼琴.基于职能视角的独立董事激励机制研究[J].华东经济管理,

2009,23(08):114-118.

[121] Yermack D., Remuneration, retention and reputation incentives for outside directors[J].Journal of Finance,2004,59(05):2281-2308.

[122] 唐清泉.独立董事对报酬与风险的取向——基于深交所的实证研究[J].财经理论与实践,2006(01):51-55.

[123] Adams R., Ferreira D. Do directors perform for pay[J]. Journal of Accounting and Economics,2008,46(01):154-171.

[124] 姚伟峰.独立董事制度,真的有效吗?——基于上市公司行业数据的实证研究[J].管理评论,2011,23(10):31-35.

[125] 多淑杰,罗志宏.我国独立董事薪金的设计[J].财贸经济,2007(11):34-36.

[126] 唐松莲,刘桂良.独立董事薪酬与公司盈余信息质量——来自深交所上市公司的经验研究[J].系统工程,2010(05):42-47.

[127] 扈文秀,介迎疆,侯于默,等.监事与独立董事激励对两类代理成本影响的实证研究[J].预测,2013,32(03):46-50.

[128] 沈艺峰,陈旋.无绩效考核下外部独立董事薪酬的决定[J].南开管理评论,2016,19(02):4-18.

[129] Marler J. H., Faugere C. Shareholder activism and middle management equity incentives[J]. Corporate Governance: An International Review,2010,18(04):313-328.

[130] Fich E. M., Shivdasani A. The impact of stock-option compensation for outside directors on firm value[J]. Journal of Business, 2005, 78(06): 2229-2254.

[131] 申富平.独立董事激励机制研究:现状与展望[J].经济与管理,2007(12):48-52.

[132] 李秋蕾.对央企控股上市公司实施独立董事间接薪酬制的质疑[J].经济纵横,2011(06):110-113.

[133] 陈睿,段从清,王治.声誉维度下薪酬对独立董事有效性的影响——基于独立意见的经验证据[J].中南财经政法大学学报,2016(01):147-156.

[134] 郑志刚,梁昕雯,黄继承.中国上市公司应如何为独立董事制定薪酬

激励合约[J].中国工业经济,2017(02):174-192.

[135] 刘汉民,薛丽娜,齐宇.独立董事薪酬激励对经理人超额薪酬的影响:促进或抑制[J].现代财经,2020,40(06):32-46.

[136] 刘常建,许为宾,周莉莉.重商文化、政府治理与企业风险承担[J].东岳论丛,2019,40(11):141-149.

[137] 苏坤.重商文化、风险承担与企业价值[J].浙江工商大学学报,2017(01):89-97.

[138] Hilary G, Hui K. Does religion matter in corporate decision making in America?[J].Journal of Financial Economics,2009,93(03):455-473.

[139] 王菁华,茅宁,王杉.宗教传统会促进企业风险承担吗?——基于组织成熟度的调节作用检验[J].商业经济与管理,2017(09):34-45.

[140] 何鑫萍,戴亦一,翁若宇.传统宗教、市场化进程与企业风险承担[J].山西财经大学学报,2017,39(03):74-84.

[141] 叶德珠,胡梦珂.宗教传统、法治化进程与企业风险承担[J].财经问题研究,2017(05):95-103.

[142] 申丹琳.社会信任与企业风险承担[J].经济管理,2019,41(08):147-161.

[143] 杨瑞龙,章逸然,杨继东.制度能缓解社会冲突对企业风险承担的冲击吗?[J].经济研究,2017,52(08):140-154.

[144] La Porta R., Lopez-de-Silanes F., Shleifer A., et al. Legal determinants of external finance [J]. Journal of Finance, 1997,52(03):1131-1150.

[145] La Porta R., Lopez-de-Silanes F., Shleifer A., et al. Law and finance [J]. Journal of Political Economy,1998,106(06):1113-1155.

[146] 张惠琳,倪骁然.金融发展、法治深化与上市企业风险承担[J].投资研究,2017,36(04):4-23.

[147] 段军山,肖友生.监管质量、政治法律环境与商业银行风险承担——基于全球样本面板数据的经验证据[J].金融论坛,2017,22(03):19-36.

[148] Boubakri N., Cosset J. C., Saffar W. The role of state and foreign owners in corporate risk-taking: evidence from privatization[J]. Journal of Financial Economics,2013,108(03):641-658.

[149] 何威风,刘巍.EVA业绩评价与企业风险承担[J].中国软科学,2017 (06):99-116.

[150] Ma Y., Lin X. K. Financial development and the effectiveness of monetary policy[J]. Journal of Banking and Finance,2016,68(03):1-11.

[151] Bernanke B. S., Gertler M. Inside the black box: The credit channel of monetary policy[J].The Journal of Economic Perspectives,1995(04):27-48.

[152] 张前程,龚刚.货币政策与企业风险承担:投资者情绪的中介效应 [J].当代经济科学,2016,38(03):20-30,124-125.

[153] 李雪,冯政.宽松货币政策下我国企业的风险承担[J].财经科学, 2015(09):25-34.

[154] 林朝颖,黄志刚,杨广青,等.基于企业微观的货币政策风险承担渠道理论研究[J].国际金融研究,2015(06):21-32.

[155] 胡育蓉,朱恩涛,龚金泉.货币政策立场如何影响企业风险承担——传导机制与实证检验[J].经济科学,2014(01):39-55.

[156] 林朝颖,余向群,杨广青.货币政策、过度投资与房地产企业风险承担[J].技术经济,2015,34(08):116-122.

[157] 刘行,建蕾,梁娟.房价波动、抵押资产价值与企业风险承担[J].金融研究,2016(03):107-123.

[158] Dell′ariccia G., Laeven L., Marquez R. Real interest rates, leverage, and bank risk-taking[J].Journal of Economic Theory,2014,149(01):65-99.

[159] 周彬蕊,刘锡良,张琳.货币政策冲击、金融市场化改革与企业风险承担[J].世界经济,2017,40(10):93-118.

[160] 赵建春,许家云.人民币汇率、政府补贴与企业风险承担[J].国际贸易问题,2015(08):135-144.

[161] Chen D. H., Li O. L., Xin F. Five-year plans, China finance and their consequences[J].China Journal of Accounting Research,2017,10(03):189-230.

[162] 张娆,路继业,姬东骅.产业政策能否促进企业风险承担?[J].会计研究,2019(07):3-11.

[163] 毛其淋,许家云.政府补贴、异质性与企业风险承担[J].经济学(季刊),2016,15(04):1533-1562.

[164] 高翔,独旭.政府补贴、政府治理能力与出口企业风险承担[J].财贸研究,2017,28(12):47-60.

[165] 栗晓云,吕文栋,赵杨."营改增"政策与企业风险承担[J].河北经贸大学学报,2019,40(06):41-50.

[166] Julio B., Yook Y. Political uncertainty and corporate investment cycles [J].The Journal of Finance,2012,67(01):45-83.

[167] Gulen H., Ion M. Policy uncertainty and corporate investment[J].The Review of Financial Studies,2016,29(03):523-564.

[168] 刘志远,王存峰,彭涛,等.政策不确定性与企业风险承担:机遇预期效应还是损失规避效应[J].南开管理评论,2017,20(06):15-27.

[169] 薛龙.经济政策不确定性与企业风险承担[J].财经论丛,2019(12):55-65.

[170] 钱先航,徐业坤.官员更替、政治身份与民营上市公司的风险承担[J].经济学(季刊),2014,13(04):1437-1460.

[171] 严楷,杨筝,赵向芳,等.银行管制放松、地区结构性竞争与企业风险承担[J].南开管理评论,2019,22(01):124-138.

[172] 李媛媛,崔宸琛,刘思羽.金融生态环境、企业风险承担与创新效率—基于制造业面板VAR的实证分析[J].工业技术经济,2019(07):76-87.

[173] 戴娟萍,郑贤龙.政治关联会影响企业风险承担吗?——来自民营上市公司的经验证据[J].财经论丛,2015(10):67-76.

[174] Kostovetsky L. Political capital and moral hazard[J]. Journal of Financial Economics, 2015,116(01):144-159.

[175] 苏坤.国有金字塔层级对公司风险承担的影响——基于政府控制级别差异的分析[J].中国工业经济,2016(06):127-143.

[176] 李冬昕,宋乐.媒体的治理效应、投资者保护与企业风险承担[J].审计与经济研究,2016,31(03):83-91.

[177] 冀玛丽,杜晓荣.终极控制人性质、异质机构投资者持股与企业风险承担[J].企业经济,2017,36(03):117-123.

[178] Fich E. M., Harford J., Tran A. Motivated monitors: The importance of institutional investors' portfolio weights[J]. Journal of Financial Economics, 2015,

118(01):21-48.

[179] 李青原,刘习顺.监督型基金持股降低了企业风险承担吗?——基于投资组合的视角[J].证券市场导报,2016(12):67-75.

[180] 杨道广,王金妹,龚子良,陈汉文.分析师在企业风险承担中的作用:治理抑或压力[J].北京工商大学学报(社会科学版),2019,34(01):20-30.

[181] 王美英,曾昌礼,刘芳.国家审计、国有企业内部治理与风险承担研究[J].审计研究,2019(05):15-22.

[182] 张瑞君,李小荣,许年行.货币薪酬能激励高管承担风险吗[J].经济理论与经济管理,2013(08):84-100.

[183] 李丽芳,蔡东侨.银行高管薪酬、贷款业务与风险承担[J].产经评论,2015,6(05):115-125

[184] Kini O., Williams R. Tournament incentives, firm risk, and corporate policies[J].Journal of Financial Economics,2012,103(02):350-376.

[185] 张洪辉,章琳一.产权差异、晋升激励与企业风险承担[J].经济管理,2016,38(05):110-121.

[186] 张宏亮,王靖宇,李慧聪.限薪、晋升激励与国企高管风险承担[J].现代经济探讨,2017(08):34-41,48.

[187] 朱晓琳,方拥军.CEO权力、高管团队薪酬差距与企业风险承担[J].经济经纬,2018,35(01):100-107.

[188] Shivararn R., Terry S. Empirical evidence on the relation between stock option compensation and risk-taking[J].Journal of Accounting and Economics,2002,33(02):145-171.

[189] 卢闯,孙健,张修平,向晶薪.股权激励与上市公司投资行为——基于倾向得分配对方法的分析[J].中国软科学,2015(05):110-118.

[190] 吴建祥,李秉祥.经理管理防御与企业风险承担水平——股权激励的调节作用[J].经济经纬,2017,34(05):104-108.

[191] 佟爱琴,李孟洁.产权性质、纵向兼任高管与企业风险承担[J].科学学与科学技术管理,2018,39(01):118-126.

[192] 郑晓倩.董事会特征与企业风险承担实证研究[J].金融经济学研究,2015,30(03):107-118.

[193] Wang C. J. Board size and firm risk-taking[J]. Review of Quantitative Finance and Accounting,2012,38(04):519-542.

[194] Nakano M, Nguyen P. Board size and corporate risk taking: Further evidence from japan[J]. Corporate Governance: An International Review,2012,20(04):369-387.

[195] 马宁.董事会规模、多元化战略与企业风险承担[J].财经理论与实践,2018,39(04):73-79.

[196] 胡国柳,胡珺.董事高管责任保险与企业风险承担:理论路径与经验证据[J].会计研究,2017(05):40-46,96.

[197] 文雯.董事高管责任保险与企业风险承担[J].山西财经大学学报,2017,39(08):101-112.

[198] 宋建波,文雯,王德宏,等.管理层权力、内外部监督与企业风险承担[J].经济理论与经济管理,2018(06):96-112.

[199] 张三保,张志学.区域制度差异,CEO管理自主权与企业风险承担——中国30省高技术产业的证据[J].管理世界,2012(04):101-114+188.

[200] Kahneman D., Tversky A. Prospect theory: An analysis of decision making under risk[J].Econometrica,1979,1(01):53-70.

[201] Hirshleifer D. A., Teoh S. H., Low A. Are overconfident CEOs better innovators?[J]. Journal of Finance, 2012, 67(04):1457-1498.

[202] 余明桂,李文贵,潘红波.管理者过度自信与企业风险承担[J].金融研究,2013(01):149-163.

[203] 杨建君,张钊,梅晓芳.股东与经理人信任对企业创新的影响研究[J].科研管理,2012,33(03):36-41,80.

[204] Hambrick D. C., Mason P. A. Upper echelons: The organization as a reflection of its top managers[J]. Academy of Management Review, 1984, 9(02):193-206.

[205] Chen D., Zheng Y. CEO tenure and risk-taking[J]. Social Science Electronic Publishing, 2012, 19(01).

[206] 吕文栋,刘巍,何威风.管理者异质性与企业风险承担[J].中国软科学,2015(12):120-133.

[207] 李彬,郭菊娥,苏坤.企业风险承担:女儿不如男吗?——基于CEO性别的分析[J].预测,2017,36(03):21-27,35.

[208] 宋建波,文雯,王德宏.海归高管能促进企业风险承担吗——来自中国A股上市公司的经验证据[J].财贸经济,2017,38(12):111-126.

[209] 叶建宏.核心高管参军经历对企业风险承担的影响[J].金融论坛,2017,22(09):68-80.

[210] 梁艳,杨振兴,姜玉萍.银行高管、社会联结与银行的风险承担[J].现代财经,2016,36(06):80-88.

[211] 刘静,李晓溪,翁宵暐,等.家族创始人职业经历与企业风险承担[J].经济理论与经济管理,2016(08):33-46.

[212] 何瑛,于文蕾,杨棉之.CEO复合型职业经历、企业风险承担与企业价值[J].中国工业经济,2019(09):155-173.

[213] 张敏,童丽静,许浩然.社会网络与企业风险承担——基于我国上市公司的经验证据[J].管理世界,2015(11):161-175.

[214] 刘华,杨汉明.风险承担与创新绩效——基于股权激励调节作用的考察[J].现代财经,2018(01):98-113.

[215] 朱鹏飞,张丹妮,周泽将.企业风险承担会导致审计溢价吗?——基于产权性质和费用粘性视角的拓展性分析[J].中南财经政法大学学报,2018(06):72-80,160.

[216] Nguyen P. Corporate governance and risk-taking: Evidence from Japanese firms[J]. Pacific-Basin Finance Journal, 2011,19(01):278-297.

[217] 高磊,庞守林.基于风险承担视角的资本结构和企业绩效研究[J].大连理工大学学报,2017(07):18-23.

[218] 周泽将,马静,胡刘芬.高管薪酬激励体系设计中的风险补偿效应研究[J].中国工业经济,2018(12):152-169.

[219] Liu Y., Mauer D. C. Corporate cash holdings and CEO compensation incentives[J]. Journal of Financial Economics, 2011,102(01):183-198.

[220] Yang R., Yu Y., Liu M. Corporate risk disclosure and audit fee: A text mining approach[J]. Social Science Electronic Publishing, 2017(04):1-12.

[221] Chen S. Corporate board governance and risk taking[J]. Quantitative

Financial Risk Management,2011,1(01):63-69.

[222] 周泽将,马静,刘中燕.独立董事政治关联会增加企业风险承担水平吗?[J].财经研究,2018,44(08):141-153.

[223] 吴超,施建军.结构洞特征、独立董事治理与企业风险承担[J].商业经济与管理,2018(05):40-49,61.

[224] 车菲,蒋艳,金思瑶.独立董事薪酬、金融背景与企业风险承担[J].财会月刊,2020(11):127-135.

[225] Jensen M. C., Meckling W. H. Theory of the firm: Managerial behavior, agency costs and ownership structure[J]. Journal of Financial Economics,1976,3 (04):305-360.

[226] 王菁华,茅宁.企业风险承担研究述评及展望[J].外国经济与管理, 2015,37(12):44-58.

[227] Cole C. R., Macpherson D. A., Maroney P. F., et al. The use of postloss financing of catastrophic risk[J]. Risk Management and Insurance Review,2011, 14(02): 265-298.

[228] Linn S. C., Park D. Outside director compensation policy and the investment opportunity set[J]. Journal of Corporate Finance,2005,11(04):680-715.

[229] Pfeffer J., Salancik G. R. The external control of organizations: A resource dependence perspective[M]. Harper & Row,1978.

[230] Lazear E. P., Rosen S. Rank order tournaments as an optimum labor contract[J]. Journal of Political Economy,1981,89(05):841-864.

[231] Rosen S. Prizes and incentives in elimination tournaments[J]. The American Economic Review,1985,76(04):701-715.

[232] Lin B. X., Rui L. Managerial power, compensation gap and firm performance ——Evidence from Chinese public listed companies[J]. Global Finance Journal,2009,20(02):153-164.

[233] 黎文靖,胡玉明.国企内部薪酬差距激励了谁?[J].经济研究,2012,47 (12):125-136.

[234] Adams R. B., Almeida H., Ferreira D., et al. Powerful CEOs and their impact on corporate performance[J]. Review of Financial Studies, 2005, 18(04):

1403-1432.

[235] 朱苏丽.社会比较对薪酬不公平感的心理作用机制[J].武汉理工大学学报(信息与管理工程版),2007(08):145-148.

[236] 黄辉.高管薪酬的外部不公平、内部差距与企业绩效[J].经济管理,2012,34(07):81-92.

[237] Collins, Rebecca L. For better or worse: The impact of upward social comparison on self-evaluations[J]. Psychological Bulletin,1996,119(01):51-69.

[238] 邢淑芬,俞国良.社会比较:对比效应还是同化效应?[J].心理科学进展,2006(06):944-949.

[239] 陈运森,谢德仁.网络位置、独立董事治理与投资效率[J].管理世界,2011(07):113-127.

[240] John K., Senbet L. W. Corporate governance and board effectiveness [J]. Journal of Banking and Finance,1998, 22(04):371-403.

[241] Brick I. E., Palmon O., Wald J. K., et al. CEO compensation, director compensation, and firm performance: Evidence of cronyism[J]. Journal of Corporate Finance,2006,12(03): 403-423.

[242] Perry T. T. Incentive compensation for outside directors and CEO turnover[J]. Social Science Electronic Publishing.

[243] Smith C. W., Watts R. L. The investment opportunity set and corporate financing, dividend, and compensation policies[J]. Journal of Financial Economics,1992,32(03):263-292.

[244] Gaver J. J., Gaver K. M. Compensation policy and the investment opportunity set[J]. Financial Management,1995,24(01):19-32.

[245] Balsmeier B., Buchwald A., Stiebale J., et al. Outside directors on the board and innovative firm performance[J]. Research Policy,2014,43(10): 1800-1815.

[246] 胡建雄,殷钱茜.从合法到合德:独立董事履职动机的演进研究[J].外国经济与管理,2019,41(10):31-44.

[247] 吴洁,中国上市公司独立董事制度有效性[D].上海:华东师范大学,2010.

[248] 谢雅璐.兼职独立董事对上市公司一视同仁吗?[J].现代财经,2016,36(06):30-47.

[249] 钟朋荣.独立董事需要激励和约束吗?[J].中外管理,2001(05):30-32.

[250] Jensen M. C. Agency costs of free cash flow, corporate finance, and takeovers[J]. The American Economic Review,1999,76(02):323-329.

[251] Chakraborty A., Sheikh S. A., Subramanian N., et al. Termination risk and managerial risk taking[J]. Journal of Corporate Finance,2007,13(01):170-188.

[252] 曾春华,李开庆.高管薪酬差距、风险承担水平与企业创新[J].投资研究,2019,38(09):60-71.

[253] 吴迪,张玉昌.企业创新过程中独立董事真的是"签字工具"吗?——基于中国企业数据的效应与机制分析[J].产业经济研究,2019(05):89-102.

[254] 宋建波,文雯.董事的海外背景能促进企业创新吗?[J].中国软科学,2016(11):109-120.

[255] Ye K. Independent director cash compensation and earnings management[J]. Journal of Accounting and Public Policy, 2014,33(04):391-400.

[256] 权小锋,吴世农.CEO权力强度、信息披露质量与公司业绩的波动性——基于深交所上市公司的实证研究[J].南开管理评论,2010,13(04):142-153.

[257] 牛建波.董事会规模的治理效应研究——基于业绩波动的新解释[J].中南财经政法大学学报,2009(01):112-118.

[258] 李培功,沈艺峰.媒体的公司治理作用:中国的经验证据[J].经济研究,2010(04):14-27.

[259] 周开国,应千伟,陈晓娴.媒体关注度、分析师关注度与盈余预测准确度[J].金融研究,2014(02):139-152.

[260] 邵志浩,才国伟.媒体报道与企业外部融资[J].中南财经政法大学学报,2020(03):1-14.

[261] Faccio M., Marchica M. T., Mura R. Large shareholder diversification and corporate risk-taking[J].The Review of Financial Studies,2011,24(11):3601-

3641.

[262] Baron R. M., Kenny D. A. The moderator-mediator variable distinction in social psychological research: Conceptual, strategic and statistical considerations[J]. Journal of Personality and Social Psychology, 1986,51(06):1173-1182.

[263] 温忠麟,叶宝娟.中介效应分析:方法和模型发展[J].心理科学进展,2014,22(05):731-745.

[264] Sobel M. E. Asymptotic confidence intervals for indirect effects in structural equation models[J]. Sociological Methodology,1982,13:290-312.

[265] 温忠麟.张雷,侯杰泰,等.中介效应检验程序及其应用[J].心理学报,2004(05):614-620.

[266] 田利辉,王可第."罪魁祸首"还是"替罪羊"?——中国式融资融券与管理层短视[J].经济评论,2019(01):106-120.

[267] Porter M E. Capital disadvantage: America's failing capital investment system[J]. Harvard Business Review,1992,70(05):65-82.

[268] 钟宇翔,吕怀立,李婉丽.管理层短视、会计稳健性与企业创新抑制[J].南开管理评论,2017,20(06):163-177.

[269] 马连福,高塬.资本配置效率会影响企业创新投资吗?——独立董事投资意见的调节效应[J].研究与发展管理,2020,32(04):110-123.

[270] 曹国华,杨俊杰,林川.CEO声誉与投资短视行为[J].管理工程学报,2017,31(04):45-51.

[271] 许荣,李从刚.院士(候选人)独立董事能促进企业创新吗——来自中国上市公司的经验证据[J].经济理论与经济管理,2019(07):29-48.

[272] Weisbach M. S. Outside directors and CEO turnover[J].Journal of Financial Economics, 1988,20(04):431-460.

[273] 祝继高,陆峣,岳衡.银行关联董事能有效发挥监督职能吗?——基于产业政策的分析视角[J].管理世界,2015(07):143-157,188.

[274] 沈艺峰,王夫乐,陈维."学院派"的力量:来自具有学术背景独立董事的经验证据[J].经济管理,2016,38(05):176-186.

[275] 叶康涛,祝继高,陆正飞,等.独立董事的独立性:基于董事会投票的证据[J].经济研究,2011,46(01):126-139.

[276] Li K., Griffin D., Yue H., et al. How does culture influence corporate risk-taking?[J]. Journal of Corporate Finance,2013,23(04):1-22.

[277] 林浚清,黄祖辉,孙永祥.高管团队内薪酬差距、公司绩效和治理结构[J].经济研究,2003(04):31-40,92.

[278] 孔东民,徐茗丽,孔高文.企业内部薪酬差距与创新[J].经济研究,2017,52(10):144-157.

[279] Lei Q., Lin B., Wei M. Types of agency cost, corporate governance and liquidity[J]. Journal of Accounting and Public Policy,2013,32(03):147-172.

[280] 栾甫贵,纪亚方.高管外部薪酬差距、公司治理质量与企业创新[J].经济经纬,2020,37(01):114-122.

[281] Shleifer A., Vishny R. W. Large shareholders and corporate control[J]. Journal of Political Economy,1986,94(03):461-488.

[282] Grossman S. J., Hart O. D. The costs and benefits of ownership: A theory of vertical and lateral integration[J]. Journal of Political Economy,1986,94(04):691-719.

[283] Baran L., Forst A. Disproportionate insider control and board of director characteristics[J]. Journal of Corporate Finance, 2015,35(08):62-80.

[284] Dalton D. R., Kesner I. F. Composition and CEO duality in boards of directors: An international perspective[J]. Journal of International Business Studies,1987,18(03):33-42.

[285] Boyd B. K. Board control and CEO compensation[J].Strategic Management Journal,1994,15(05):335-344.

[286] Bizjak J. M., Lemmon M. L., Naveen L., et al. Does the use of peer groups contribute to higher pay and less efficient compensation[J].Journal of Financial Economics, 2008,90(02):152-168.

[287] 李维安,刘绪光,陈靖涵.经理才能、公司治理与契约参照点——中国上市公司高管薪酬决定因素的理论与实证分析[J].南开管理评论,2010,13(02):4-15.

[288] 徐细雄,谭瑾.高管薪酬契约、参照点效应及其治理效果:基于行为经济学的理论解释与经验证据[J].南开管理评论,2014,17(04):36-45.

[289] 步丹璐,蔡春,叶建明.高管薪酬公平性问题研究——基于综合理论分析的量化方法思考[J].会计研究,2010(05):39–46.

[290] 李明辉.社会信任对审计师变更的影响——基于CGSS调查数据的研究[J].审计研究,2019(01):110–119.

[291] 武鹏.行业垄断对中国行业收入差距的影响[J].中国工业经济,2011(10):76–86.

[292] 王小鲁,樊纲,余静文.中国分省份市场化指数报告(2016) [M].北京:社会科学文献出版社,2016:216–223.

[293] Wu W., Firth M., Rui O. M. Trust and the provision of trade credit[J]. Journal of Banking & Finance,2014,39(02):146–159.

[294] Li X., Wang S. S., Wang X. Trust and stock price crash risk: Evidence from China[J]. Journal of Banking & Finance,2017,76(03):74–91.

[295] Bottazzi L., Rin D. M., Hellmann T. The importance of trust for investment: Evidence from venture capital[J].The Review of Financial Studies,2016,29 (09):2283–2318.

[296] Aghion P., Bloom N., Griffith R., et al. Competition and innovation: An inverted–urelationship[J]. The Quarterly Journal of Economics, 2005, 120(02): 701–728.

[297] 罗宏,曾永良,宛玲羽.薪酬攀比、盈余管理与高管薪酬操纵[J].南开管理评论,2016,19(02):19–31,74.

[298] Stapel D., Koomen W. Distinctness of others, mutability of selves: Their impact on self-evaluations[J].Journal of Personality and Social Psychology, 2000,79(06):1068–1087.

[299] 辛清泉,谭伟强.市场化改革、企业业绩与国有企业经理薪酬[J].经济研究,2009,44(11):68–81.

[300] 张丽平,付玉梅.市场化进程、公司治理与现金股利政策[J].投资研究,2017,36(09):140–160.